致，被雙寶搞瘋的媽媽

阿德勒
正向教養
10年實做版

奶爸心理師給父母的生存指南

諮商心理師 黃柏嘉

suncolor
三采文化

在孩子相信自己之前、
在孩子證明自己值得相信之前，
先相信孩子……

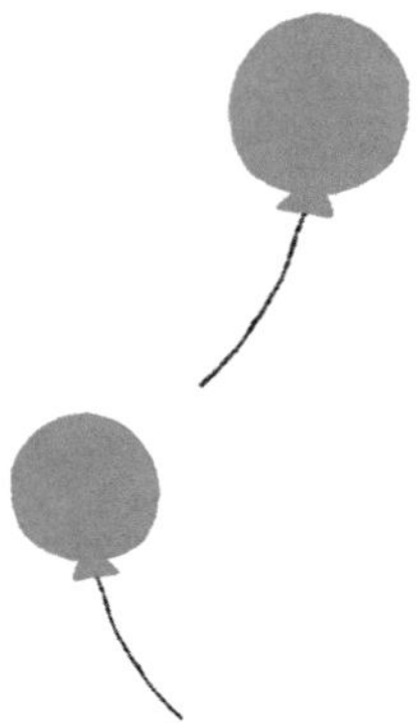

PART 1

你們，讓我靜一下好嗎？

奶爸心理師的5大放輕鬆語錄，幫助情緒滿點的爸媽適時降溫。

PART 2

雙寶狀況劇

爸媽最苦惱的9大手足相處問題，帶著孩子轉換思考有效解決。

PART 3

兩個孩子更好教

雙寶共同思考共同討論，7項生活素養從日常累積。

LOVE

推薦序①

青出於藍

古典阿德勒學派心理深度治療師　曾端真

如果說父母這個角色，是最困難的人生任務，應該可以得到絕大多數為人父母者的認同。柏嘉這本書，對於正在尋覓教養之道的年輕父母，恰如久旱甘霖。

柏嘉是很獨特的作者，他把自己的一家人搬上舞台。他、妻子和可愛的小兄妹，就在序幕拉開的時候，自然地上演一齣沒有編劇、沒有導演，但是卻能讓觀眾產生深刻共鳴的溫馨家庭劇。我有幸先睹為快，一氣呵成，從開演直看到謝幕，還意猶未盡地希望有續集。

任何成就必經辛苦耕耘，這本書的出版，背後有柏嘉的努力。認識柏嘉有十七年之久，我是他的論文指導教授，當時只知道他對阿德勒心理學情有獨鍾，也對父職角色很有興趣。他結合二者，寫了一本很紮實的「生活型態與父育知覺」碩士論文。他很聰明，也夠認真，這篇論文後來和一位博士生合作，共同發表在國際期刊上。

多年來，看著他一步一腳印的努力，聽他分享婚姻生活和奶爸經，非常獨特的生涯發展路徑，走得很成功。我覺得除了他自己的努力，身旁的妻子，是他成功的推手，一雙子女，應是他這本著作的功臣。沒有可愛的兒女對他挑戰，柏嘉怎麼可能學會當爸爸？更不可能有這本現身說法的好書了。

柏嘉的成就，我與有榮焉。這是一本絕佳的父母教養寶典，受邀為他寫推薦序，是我的榮幸。讀完他的著作，我的感想是，青出於藍。

推薦序②

維持手足公平真的太難，但愛和細心可以讓孩子感受父母的付出

資深國小教師　神老師 沈雅琪

在自我介紹的學習單上，孩子用力地寫著：「我最討厭弟弟，討厭死了！」這樣清楚又強烈的陳述，讓我嚇了一大跳，不禁問：「你這麼不喜歡弟弟？」他說：「對呀！他把我媽媽搶走了，我好恨他！」

手足之間的競爭和嫉妒不只會造成平時生活上的糾紛，更會影響孩子的人格發展。

幾年前帶了一個男孩，在教室裡溫文儒雅、帥氣又風趣，但是每次媽媽提到他離開教室後的行為，都讓我無法置信——說這五年級的帥哥要媽媽幫忙洗澡、要媽媽陪著睡覺；全家出遊只願意跟父母拍照，不願意妹妹入鏡；全家一起去喝喜酒，哥哥看到媽媽跟妹妹說話，就會在喜宴上大哭大鬧；在家裡對妹妹視若無睹，還曾經把妹妹從床上推下去，讓妹妹受傷。

在一個家庭裡要維持手足公平真的太難，尤其是孩子的特質不同，比較溫和乖巧的一方通常能受到疼愛。表現差異大時更是會隨時被拿來比較，「你為什麼不能像哥哥一樣主動？」、「哥哥都考第五名，你為什麼考這樣？」在無形中，我們給孩子築起對立的牆。頑皮叛逆愛頂嘴的孩子當然受到比較多的責難，孩子不會去思考是自己的行為造成別人對待的方式，只會怪罪大人偏心，久了就是惡性循環，讓常被責罰的孩子覺得父母偏心。

面對孩子的吵鬧不休、手足的互相厭惡，當媽媽的真的很絕望，要花很多時間來排解糾紛、處理抱怨，對孩子的付出完全付諸流水，只留下偏心的指控，真的太傷心哪～～

本書的〈PART2〉討論了手足相處的九大問題，也提供我們去思考面對兩個完全不同特質、表現的孩子時，應該注意的細節。當我們的愛加上一些細心，讓每個孩子都能清楚感受父母的愛和付出，只要孩子心理上的愛足夠，就不會時時計較得到的多寡。在排解糾紛時，孩子心裡的感受會比對錯來得重要。

我都帶高年級，大部分高年級孩子的自我照顧能力都已經非常好，而且開始叛逆，很有自己的想法，但是偶爾也會遇到生活能力極差，沒有解決能力的孩子。

有一年帶了一個孩子所有的作業都要父母陪著做，數學要等爸爸下班回家教，國語作業要媽媽唸著讓他寫，圖畫一定要爺爺先畫草稿他才能著色……我要求他在教室完成作文，媽媽還來電要我別給孩子這麼大的壓力，說孩子因為這樣都吃不下點心……

很多時候，無法長大的是過度疼愛孩子的家長，當我們放不了手時，孩子又如何能在各項作業和工作中找到經驗和成就感？長期的代勞、無法信任孩子的能力，只會讓孩子感受到自己的無能。

「放手」是一個很重要的過程，父母對孩子無微不至的照顧、揣摩需要、安排所有的作息和活動，會讓孩子無法感知自己的需求。大人偶爾因為時間限制，想幫助孩子早點完成工作而代勞，更會讓孩子失去練習和學習的機會。

柏嘉在書上說：「我考量的不是在最短時間內完成一件事，而是如何利用機會讓孩子學到更多的能力。」陪伴孩子長大很重要，但陪伴不是事事替孩子完成，而是陪著他們去嘗試，在他們遇到困難時給予鼓勵和提醒。

作者序

一起學習在愛裡成為更好的人

這本書開始於我與兒子的一個約定。

某天下午，我跟七歲的哥哥討論「挫折」與「失敗」。

哥哥　爸爸你也有不擅長的事情嗎？

爸爸　當然有，雖然你爸爸擅長用嘴巴說故事，但我覺得自己不擅長寫作。

我不是個能把故事寫好的人。

哥哥　你已經寫了幾篇故事，讓你覺得自己不能寫好？

爸爸　目前大約十篇左右吧。

哥哥　那實在太少了，起碼也要寫一百篇才能確定吧。你真的不應該在還沒有好好試過之前，就先說自己做不到。（搖搖頭）

當下我被兒子的早熟回應嚇了一跳，他很率直地點出爸爸的膽怯與自我設限。我當然可以選擇轉移話題，但作為一個父親，親身示範挑戰自己的極限，絕對比整天動嘴巴要孩子勇敢嘗試更具說服力。

爸爸　好，我現在答應你，爸爸一定會寫到一百篇。如果我最後能寫出一本書來，我會把第一本交給你！（認真回應）

最後我們沒有停在一百篇，故事就這麼持續一直寫著，一路寫到本書的誕生。

我是個諮商心理師，專長是阿德勒學派的教養理論，協助許多家長精進育兒與親職的能力。從事實務工作多年後，為了實踐個人所學，我在兒子出生時轉換身分成為全職家庭主夫，投身育兒至今超過十年。

前面對話是我們家親子互動的縮影，我跟兩個孩子維持著平等、民主的關係，我們喜歡透過相互提問擴展彼此的思考，無論是「家規」、「金錢」、「情感」、「幸福」、「失敗」都可以是討論的主題，這也是本書的一個特色。如果我想介紹某個教養概念，就會呈現一段與孩子間實際的對話與互動，協助你瞭解這個概念被落實的情況，能夠更順利把概念轉化到你家的親子互動中。

在本書裡，我想介紹兩個重點。

1父母如何安頓自己的情緒：

回想我剛擔任家庭主夫的頭一年，原本以為憑藉著多年累積的專業，帶小孩的生活應該會是一帆風順，結果卻事與願違，甚至有某段時間，我自己還深陷憂鬱的情緒中不可自拔。我希望能分享育兒的深刻體會，再搭配與家長工作的長久經驗，幫助你在育兒路上做好情緒的安頓，也學習如何自我照顧。

2如何促進手足間的情感與良好互動：

妹妹出生之後，哥哥始終是我最好的夥伴，主動幫我分擔許多照顧工作。兩兄妹感情極好，無論吃飯、睡覺、玩樂總是黏在一起，我常覺得照顧兩個孩子其實比只照顧一個孩子輕鬆許多。我知道這樣的心情對很多家中雙寶總是爭執不休的爸媽來說，簡直就像天方夜譚。在培養兩個孩子手足關係的過程中，阿德勒學派的教養理論幫助我很多，很希望能夠跟各位分享我在這方面的應用心得——瞭解與手足互動時，孩子心裡在想些什麼？與手足發生衝突時，他們需要什麼？以及如何協助孩子與手足建立合作友愛而非競爭的關係？

希望本書能夠幫助各位父母在艱辛的雙寶育兒路上，看見更多的可能性與希望！讓我們一起學習，在愛裡變成一個更好的人。

黃柏嘉

孩子吵鬧時別急著跳腳，
先暫停、處理，但不急著解決。
懂得對自己好、更有助於維繫親子關係的和諧。

PART 1 你們，讓我靜一下好嗎？

奶爸心理師的 5 大放輕鬆語錄，
幫助情緒滿點的爸媽適時降溫。

放輕鬆
語錄 1

照顧自己不代表自私。

——每個人對於「自我照顧」的定義都不盡相同，
需要學習的功課也很不一樣。

自我照顧、自私傻傻分不清

在我多年的心理師工作中，深深感覺要媽媽學習好好照顧自己，就像訓練大象飛翔一樣困難。「我不能夠這麼自私」——是最常聽到的理由。

我發現，最大關鍵在於多數父母分不清楚「自我照顧」跟「自私」的分別。有些人只要稍微休息一下，就會被愧疚跟自責籠罩，非得忙到把自己累垮不可；有些人則是跳到另一個極端，用「愛自己」當作生活最高指導原則，變成一個只考慮到自己、無視家人需求的自私鬼。

我想用兩個案例來說明「自我照顧」跟「自私」的差別。

●案例①像二十四小時超商一樣的媽媽

某個四十二歲的女性，擔任行銷公司主管，白天在職場忙得昏天暗地，晚上負責全部家務。完美主義的她不只緊盯兩個國小孩子的功課，晚餐也堅持親自開伙，睡前再幫孩子準備便當，週休時還得去照顧臥病在床的父親，幾乎是全年無休。

她找我諮詢，主要是想要知道「如何在教養過程中不要失控地發脾氣」。但是我發現，她的問題並非知識上的不足，而是多年來體力的透支。

我看著面容憔悴的她問：「如果給妳一個下午休息，妳最想做什麼？」

她望著窗外說：「去淡水河邊喝咖啡吧！前年聽同事說有家咖啡廳很不錯，一直想著如果能去坐坐該有多好。」

到底是多困難的夢想，需要兩年時間來醞釀？

我說：「還有年假嗎？我想給妳出個作業——這週找個半天去喝咖啡。」

她說：「這週四下午剛好排休假，但是我原本預定要幫孩子買東西。」

我：「妳願意給自己半天時間去做這件兩年前就想做的事嗎？」

她沉默許久說：「好，我試試。」

一週後，她帶著有點抱歉的臉回來。

我問：「妳有做作業嗎？」

她說：「有，但只做一半，我搭了捷運去淡水，但是愈靠近淡水愈覺得自己這樣不對，不可以如此自私，只顧著自己。所以我在北投站下車回台北幫孩子買東西……」

要這位媽媽給自己喝一杯咖啡的時間，就像要她的命一般！

●案例②需要很多自我照顧的爸爸

有個三十八歲的男性，白天在工廠當作業員，每天下班都會買啤酒、租小說，回家後直接躲進房間。讀幼兒園的兩個孩子想找爸爸，他就推說房間裡面有二手菸，把孩子趕出門；太太想請他幫忙家務也總是閃躲迴避。

他在跟我會談中認識「自我照顧」的概念後，變得更為嚴重。他對太太說：「這是我休息（自我照顧）的時間，妳沒有資格來干擾我！」

不自私地把自己照顧好

有些人的個性會刻意討好、照顧身邊的人，以滿足他人需求為主。這做法表面上會獲得他人的肯定與欣賞，自己也能從中獲得成就感。但若總是壓抑需求與感受，很容易累積「怨」這一類的情緒，覺得別人對不起自己，把自己需求落空的痛苦，怪罪到別人頭上。當「怨」這種情緒累積得太多，就會在關係中變得易怒、怨懟、不滿。

有些人則是只顧著自己的需求，無視別人的痛苦。這樣雖然可以帶來短暫的開心，但好心情卻無法維持太久。因為人都是活在關係當中，很難長時間處在其他人的痛苦上卻不被影響。

「自我照顧」與「自私」大致可以這樣區分：

①**自私**：只照顧好自己的需求、以自己的滿足為目標。

②**自我照顧**：在照顧他人需求的同時，沒有忘記自己也是個需要被照顧的人。照顧好自己的目的，是為了能以更好的狀態回到關係，為關係做出更多貢獻。

用吃蛋糕來比喻，今天你帶了一個八吋蛋糕回家，卻決定自己把整個蛋糕吃光，一丁點都不分給家人，這個狀態就偏向「自私」；若把蛋糕分給家人，同時也切一片給自己，並帶著愉快的心情跟大家一起享用，這就是「自我照顧」。

為什麼留一片蛋糕給自己這麼重要呢？設想看看，如果全家人在吃蛋糕的時候，只有你沒得吃，站在一旁眼巴巴地看著大家、鼓勵大家享用

自私 vs. 自我照顧		
	自私	自我照顧
關注焦點	自己	他人與自己
目標	只想著讓自己更快樂一點。	滿足自身需求後，以更好狀態為關係做出更多貢獻。
行為	只考慮並照顧自己的需求。（吃光整個蛋糕）	照顧他人時，不忘記自己也需要被照顧。（分蛋糕給家人的時候，記得留一片給自己）

卻又抱怨：「要是我也有蛋糕可以吃就好了！」在場的人都會覺得尷尬、不安，難以自在地享受甜點。

當你帶著委屈付出時，家人感受到的不是愛，而是滿滿的壓力。這也是為何很多時候，若媽媽願意多照顧自己一點，對整個家來說其實是一件好事。

因此，我們可以學習做好「自我照顧」，卻不用擔心自己會變得「自私」。

劇場式練習

每個人都需要做好「愛自己」

這一晚，全家出門吃義大利麵。妹妹很喜歡自己的餐點，於是分了哥哥一個雞塊。我看到後便說：「哥哥，你有個好妹妹呢！」

剛好太太也分我一個雞塊，我又開心地說：「我有個好太太呢！」

哥哥馬上拿一根薯條到我盤裡說：「我也不想輸！」

我：「我們有在比賽什麼嗎？」

哥哥：「這是一個『誰是好家人』的比賽。」

有這樣的比賽也挺不錯的，大家都想當好家人，於是我又說：「這麼好的太太，是哪裡找來的呀？」

太太：「自己跑來的。」

我：「要是跑走了，該怎麼辦？」

妹妹：「她是我們的媽媽，不可以跑走。」

哥哥也接著說：「媽媽是我們的，沒有人搶得走。」

雖然是段很日常的輕鬆對話，但我也想趁機讓孩子瞭解一些觀點，於是說：「媽媽

得先是她自己的，才能是我們的。」

孩子們：「什麼意思？」

太太幫我補充：「我猜爸爸的意思是，我不是爸爸的，也不是你們的。我得先是我自己，才能是你們的媽媽。」

我：「聽得懂嗎？」

哥哥：「是不是說，媽媽得先知道她自己、變成她自己，才能是我們的媽媽？」

爸爸：「沒錯！過幾天是情人節，以後你們也會有情人，會想做很多事讓情人高興。但千萬不要把自己給忘了，別帶著委屈去討好對方。因為你要先變成自己，才能變成別人的情人，沒辦法愛自己的人，也沒辦法愛別人。」

說完自己的觀點後竟有點被感動，也很好奇孩子怎麼想。

哥哥：「我聽不太懂什麼情人，但說到要愛自己，或許我們應該專心吃飯，不要聊這麼難的事。」

哈，哥哥的話真是一針見血，都是這沉重的話題讓晚餐變難吃了，再次提醒自己，以後說教也要看時機。

放輕鬆
語錄 2

沒關係，你可以犯錯！

——養育孩子是個長期抗戰，父母不免也會犯錯，
學習如何面對「犯錯」時刻是最重要的一門功課。

犯錯才能成長，爸媽也是

犯錯會影響育兒過程中的感受與自我接納的程度，許多父母可能常感到煩惱——怎樣才算是好父母？該怎麼做才對？我有傷害到孩子嗎？與伴侶間合作有關的議題是，當自己犯錯時，希望伴侶怎麼幫忙？自己如何幫助犯了錯的伴侶？該如何營造相互支持、而非雙方互相批評指責的育兒夥伴關係？

我用兩個自家實際發生的例子，來說明如何回應育兒中的犯錯時刻。

我家哥哥五個月大時，某天下午我坐在床邊，一邊摺衣服一邊看著床上的兒子練習翻身。此時客廳的溫奶器響了，當下我有些猶豫，是該放著兒子迅速跑去拿奶瓶？還是抱著兒子一起去拿呢？

我觀察了一下現場狀況，兒子現在要四十分鐘才能成功翻身一次，床鋪很大，他得連翻四次才會有摔下床的危險，床邊還擺了枕頭當圍牆，我判斷自己只是離開五秒應該不會有問題。

沒想到，我才離開一下子就聽到「砰」一聲，緊接著傳來兒子淒厲的哭聲，我趕緊回房，發現兒子已經摔在床下。此時我慌了手腳，先確認孩子的傷勢，急忙拿手機查詢就醫資訊。

此時剛好太太下班，一聽孩子的哭聲立刻跑進來關心，連珠砲似地詢問：「為什麼會這樣？你沒有看著他嗎？」

雖然太太的口氣還算緩和，但是我當下的心情既難過又愧疚，完全說不出話，只能無力地低著頭，太太的質疑則像是利刃，一刀一刀地往我的心裡刺進去。

●省思①不依犯錯多寡，來評估是否稱職

即使事隔多年，我仍舊想不通那天兒子是怎麼跌下床的？但這個事件改變了我對「犯錯」的看法。

在一個家庭裡，有機會犯下最多育兒錯誤的人，通常是最常投入育兒照顧的人。幫新生兒洗一百次澡，可能會發生一次害孩子喝到水的疏失，但不曾幫孩子洗澡的父母，失誤率根本就是零。大家會覺得，極少參與育兒的人是比較好的父母嗎？

我應該是身邊所有男性親友中，最常犯下育兒錯誤的爸爸，但這不代表我粗心愚蠢。因為我是「家庭主夫」，比其他爸爸投注更多時間在育兒上，犯錯機會自然比較多。

因此，我們應該用不同角度來看待「犯錯」這件事——**犯錯代表我們還在努力嘗試，沒有停止付出、參與。**

●省思②把錯誤當成學習的機會

不用當「零失誤」的父母，但可以期許自己成為「在錯誤中修正」的父母。我最常在會談中跟父母說的話就是「我知道在那個當下，你做了覺得對孩子最好的決定！」雖然事後回想，有些決定真的很糟，但那通常也是父母在那一刻能想到最好的方法，所以無須太苛責自己。

這句話的重點是「那個當下」，既然已經離開那個情境，人也冷靜下來了，父母可以再想想——「如果再重來一次，會有不同的選擇嗎？」

不用把心力花在懊惱與自責，但可以把焦點放在「我下次可以怎麼做」上。這將大幅改善育兒過程中的心情，也有助於培養更多解決育兒問題的能力，避免繼續犯下同樣錯誤。

另一半跟孩子都哭了，該先抱誰？

兩個孩子分別六歲、四歲時，我帶他們上大賣場購物，因為要試穿衣服，我讓孩子一起進試衣間。就在我們要離開的時候，試衣間的門被風吹得猛然關上，哥哥很機警地躲開，但妹妹的左手卻被門狠狠地夾了，手指不斷地滲出血，她也痛得大聲尖叫。

我急忙檢查她的傷勢，發現傷口非常深，立刻抱起女兒往停車場狂奔，開車直衝醫院，妹妹不斷地大哭，白色的連身裙也因為沾了好多血，看起來非常觸目驚心！我必須邊開車邊安撫著兩個失控的孩子。

歷經千辛萬苦後，父子三人終於到了醫院急診室，醫生在照過X光確認沒有傷到骨頭後，便要我們在候診區等待。這麼一等就是三個鐘頭，當我太太下班趕到時，映入她眼簾的是兩眼發直的兒子、身上沾滿血跡哭累到睡著的女兒，還有一個瀕臨崩潰邊緣的先生。

看到太太走來時我已經無力向她解釋，只想把女兒交給她，但太太沒有接過女兒，也沒有先檢查女兒的傷勢，而是很溫柔地給我一個擁抱，關心地說：「你還好嗎？」

被太太這一問，我的眼淚完全止不住。就這麼哭了好一會兒，直到醫生要我們進診間幫妹妹縫傷口，然後我跟太太帶著孩子回家，安頓好兩個孩子洗澡、上床睡覺，我才與她回顧這驚悚可怕的一天。

●省思①把伴侶當隊友，不是對手

現在回想起來，那天在急診室的互動，對我們夫妻來說是非常重要的關鍵。孩子意外受傷的那幾個小時，我陷入了嚴重的緊張、自責、恐懼等負面情緒中，不停地自我懷疑：「我是個稱職的父親嗎？」孩子的手受傷了，可是爸爸的心也受傷了，還傷得不輕。

雖然是我有錯在先，但如果當時太太的第一個反應是質疑與批評，一定會在我心裡跟彼此關係留下難以撫平的傷口。我真的非常感謝她，在那個當下沒有先看見我的錯誤，而是選擇先照顧我的感受，站在我身邊陪我一起面對問題。

孩子是可能因此晚了十五分鐘才得到媽媽的撫慰，但換得父母之間良好的合作，以及未來愉快的家庭氣氛，對孩子來說，那是比什麼都珍貴的寶物。

●省思②決定婚姻關係的黃金三分鐘

千萬不要小看育兒錯誤發生時，夫妻間的第一個反應。在約翰．高特曼（John Gottman）針對婚姻衝突的研究顯示[1]，只要觀察夫妻在剛開始吵架的前三分鐘，就能

① 引自《七個讓愛延續的方法：兩個人幸福過一生的關鍵秘訣》，約翰．高特曼著。

看出這次的衝突是否會有好的結果，甚至可以依此預測這對夫妻能否攜手到老或是在幾年之內離婚。

如果在爭執時，雙方都能控制情緒，清楚陳述感受與想法，並聚焦在解決問題上，代表這段關係的品質較好，也能延續較久的時間；反之，若經常用批評、輕蔑、挖苦、反駁或是不理睬來回應，這段關係就很難有品質地維持下去。

●省思③夫妻間正向互動是最好的身教

曾端真教授曾提到[2]：「父母能以積極的態度和正向的行為因應生活和解決難題，對孩子的情緒有穩定作用，同時也在示範面對人生的正確態度。」發生育兒錯誤時，父母能多把心力用在解決問題方面，而不是相互指責，會成為家裡的文化；孩子將從父母的相處學習如何處理衝突、管理情緒，還有問題解決的能力。

②引自《教出有勇氣與行動力的孩子：親子雙贏的教養功夫》，曾端真著。

放輕鬆
語錄 3

今天就可以快樂。

——生命的意義不在於等待風暴過去，

而是學習在雨中跳舞。

快樂不用寄放在未來

說來遺憾，「只要等到未來某一天，我就可以輕鬆一點」的這類期待很少能夠成真，雖然每當完成一個目標會產生短暫的成就感，但現實的生活是立刻又有下一個挑戰等著我們，不管在育兒、教養或是工作上，輕鬆愉快的那一天好像永遠不會到來！

想想下面這些情境，妳也是個期待解脫日到來的媽媽嗎？

- 當妳渴望有個孩子時，相信懷孕之後自己就會快樂一點。
- 當妳懷孕飽受孕程痛苦時，相信順利生產完就會好過一點。
- 當妳被新生兒夜半啼哭折磨時，相信等孩子睡過夜就會好過一點。
- 當妳的三歲孩子四處探索把家裡搞得一團亂時，相信等孩子上幼兒園後就會好過一點。
- 當孩子在幼兒園適應困難時，妳相信等孩子上小學就會好過一點。
- 當孩子青春期跟妳大鬧時，妳相信等孩子過了青春期就會好過一點。
- 當孩子面對升學考試的折磨時，妳相信孩子考上理想學校就會好過一點。

● 當孩子大學畢業後，妳相信他若能找到一份好工作，妳就會好過一點。
● 當孩子工作穩定時，妳希望他趕快結婚、生子，等妳抱了孫子以後就會好過一點。
● 當孩子也當了父母……他會把小寶寶交給當奶奶的妳來照顧，然後一切從前面的「睡過夜」開始重新循環。

若我們無法瞭解快樂的本質，愈往目標努力前進，就可能離快樂愈遠。實現目標，的確會讓人感覺愉悅，就像有人把你的頭按壓進水裡，讓你吸不到空氣，在快要窒息時對方突然鬆手，你張大嘴呼吸那一刻會感覺到極度地快樂，但這種快樂不會持久，它比較接近忍耐後的「解脫」，不是真正的快樂。

人生是由每一個「今天」所彙整而成，如果一個人始終把快樂寄放在「明天」，我們幾乎可以斷定，無論擁有多高的成就、實現多少目標，人生都不會是幸福的。

哈佛的心理學家塔爾．班夏哈[3]（Tal Ben-Shahar）對快樂的定義是「能夠從生活中體會到樂趣（現在的好處）跟意義（將來的好處）的一種感受」。所以**設定目標是手段**（追求目標的過程能為我們增添樂趣），**而不是目的**（期望目標完成會帶來快樂），**當我們感覺自己持續往目標前進，能愉快地陶醉在眼前的時刻，每跨出一步，都會增強快樂的感受。**

說白一點，我們依舊可以為自己設定目標，並從實現目標的過程中感受到快樂；但即使目標還沒有實現，也要有能力從今天的生活中，感受到人生的樂趣與滿足。

養育孩子的確很辛苦，當孩子還小時，父母都很想把時間快轉到他們每件事都會、不再需要任何協助的那一天。例如：快點自己吃飯、快點自己睡覺、快點自己起床上學……**但孩子這些限制與不成熟，有沒有可能其實不是父母需要克服的難題，而是一趟可讓父母體驗與享受的旅程呢？**

與其整天想著如何快轉到終點，不如想想怎麼珍惜當下每一刻，這些「開心」與「不開心」最終都會被放到名為「回憶」的盒子裡，留給父母在未來細細品味。

③ 引自《更快樂：哈佛最受歡迎的一堂課（修訂版）》，塔爾·班夏哈著。

劇場式練習

學習理解孩子哭鬧背後的情緒

某晚九點多我回到家，那一天我的工作滿檔，整整十個鐘頭下來，到家時已經是精疲力竭。更糟糕的是隔天要搬家。

籌備搬家真的超級麻煩，導致我跟太太心情都有些浮躁，偏偏兩個孩子那陣子非常黏人、行為也讓人格外惱怒。特別是五歲的妹妹，一直要我抱她、玩遊戲，都過了上床時間還不肯睡。

我：「現在真的晚了，妳得趕快睡覺。爸爸需要去忙搬家的事。」

妹妹：「可是我想爸爸陪，我不要爸爸走！」說完竟然大哭。

我只好說：「好吧，我陪妳睡！」

妹妹緊抱著我，擦擦眼淚，然後親親我說：「我喜歡你陪我睡覺。」

我邊躺著邊盤算著哪些東西還沒收拾，心裡急得不得了，頻頻看手錶，但女兒還是沒有睡意。當下我真的生氣了，因為她不睡，我就沒法處理迫在眼前的搬家事宜，心裡愈來愈煩躁，已經想罵人了。

但這時候妹妹說：「爸比，我喜歡你陪我睡覺，我也喜歡這個家。我會記得你在這個家總是會陪我睡覺。我愛你！」她笑得很燦爛。

聽到這句話，我好像被雷打到一樣突然醒了過來，眼淚止不住地流下。前一刻的我還把女兒的「不睡」當問題，也氣她阻礙了我，讓我沒法按照計畫做事。我突然意識到，這一刻是多麼寶貴，她用自己的方式邀我享受在這個舊家的最後時光。

雖然無法收拾東西讓我有些困擾，但是女兒要我陪睡、緊抱著我，還時不時親我一下的這種時光，到底還剩下多少次呢？

難道，我不該好好珍惜嗎？

我還要忙搬家啊！
爸爸陪我～
我最喜歡爸爸陪我睡覺了。

▲即使當下再厭煩，與孩子相處的每一刻都是快樂。

放輕鬆
語錄 4

問題或許無法解決，
但是可以處理。

——婚姻中的問題有近七成是無法解決的，
但可以因為相處而愈來愈瞭解對方，回應得愈來愈好。

回應技巧比解決問題更重要

在某次演講場合，我被一個聽眾媽媽叫住，拉我到一旁諮詢家中難題。

「柏嘉老師，我跟先生時常為孩子的事情爭吵，老公特別看重孩子的成績，總是給孩子施加很大的壓力。兒子現在才七歲，就常作業寫到九點多，我看了真的很心疼，每次勸他多給兒子一點空間，不要逼得這麼緊，他就怪我太寵小孩，他認為早點重視學習表現，對孩子的未來絕對沒有壞處。

「這點小事讓我們夫妻幾乎吵到快離婚了，我們想去找你做會談，聽聽你的意見？」

眼前的她焦急得想要尋求浮木，但我的回答卻令她有些意外，我說：「我可以跟你們會談，但我並不能解決你們的問題。」

她瞪大眼睛：「為什麼？」

我：「因為我的工作不是解決問題。每對夫妻都有些專屬他們家的問題，這些問題通常是解決不了、也解決不完的。」

她：「你的意思是要我們離婚嗎？」

我：「我比較想幫你們在這些問題中，找到一條靠近對方的路。雙方都學習去聽懂對方的心情、體會對方的難處，到時候可能會對問題有不一樣的決定。很多夫妻間的問題都是難以解決的，**即使問題不會被解決，但可以因為相處經驗的累積、愈來愈瞭解對方，而回應得愈來愈好**。」

「試著把兩人對孩子學習要求不同的難題，想成是颱風來襲。每年夏天都會遇到很多颱風侵襲，即使科技再怎麼進步，也無法讓颱風不要造訪，但是在多年遭遇颱風的過程中，我們找到許多因應之道，例如把車子停到高處，在家裡預備沙包或是做防水閘門避免水淹進家裡。現在很多人聽到颱風來襲的第一個反應，既不是憂慮也不是害怕，反而是有點期待，想著可不可以放颱風假？盤算著要不要跟朋友約唱歌跟看電影？

「在一個沒有相同經驗的外國人眼中，應該很難理解，台灣人怎麼能夠這樣自在地面對可怕天災？事實上，颱風所造成的威脅沒有改變，但是在每一次的經驗與教訓裡，我們學會了更好的處理方式。隨著準備工作與應變能力提高，就可以用不同的心情去面對原本的這個問題。」

她似乎有點理解地說：「你的意思是說，**就像防範颱風一樣，我跟先生未來還是可能會因為孩子的學業成績吵架，但我們可以從每次吵架過程，學會找到更好的處理方式？**」她完全領會了我的意思，沒有人能替別人的家庭解決難題，能做的只有協助，讓兩人更靠近彼此、更瞭解彼此。

與婚姻中的「永久問題」和平共處

著名的婚姻治療大師約翰．高特曼[4]，在他針對夫妻衝突的四十年研究後發現「一段婚姻當中，有六十九％的衝突是永遠無法獲得解決的。用怎樣的心態面對這些『永久問題』，將決定婚姻走向幸福或者不幸」。

什麼叫做「永久問題」呢？

高特曼根據研究，以兩個夫妻關係中常見的永久問題為例：

- 太太覺得先生對兒子太嚴厲，但先生自認管教得當。
- 先生對家事漫不經心，很少主動去做，非得太太嘮叨才會動手做家事，但是被唸又會生氣。

這兩個例子都符合高特曼提出的「永久問題」評估指標：

④ 引自《七個讓愛延續的方法：兩個人幸福過一生的關鍵秘訣》，約翰．高特曼著。

①這個衝突讓你覺得另一半拒絕溝通。
②你們不斷討論問題，卻沒有進展。
③你們死守立場，不願改變想法。
④你們討論這個主題時，最後都更加失望受傷。
⑤你們討論愈久，愈堅持己見，最後演變成只要一提及這些問題就互相謾罵。
⑥討論完這些問題，你們變得更冷漠、疏離。

夫妻雙方必須對「解決問題」有合理的期待，某些家中的歧見確實可以透過溝通與協商來改善，例如要去哪兒吃飯？要讓孩子學習哪些才藝？

但也有將近七成的問題，可能會一直卡在你與伴侶間，例如雙方的教養價值觀、對娘家跟婆家的資源分配、家務分工等等。與個人核心價值觀有關的歧見，通常不是「無法解決」，就是「要很長的時間才能解決」。面對這類難題，夫妻兩人得要做好長期抗戰的準備。

高特曼鼓勵夫妻間要學會分辨「可解決問題」跟「永久問題」，多把心力專注在解決「可解決問題」上，並學習找到與「永久問題」和平共處的方法。

無法解決也要妥善回應

婚姻關係中確實有許多問題終身無解，還要找方法與其和平共處；但是換個角度想，也可能為家人關係找到更多的機會與可能性，雖然無法解決，但可以好好「回應」。就像前文舉的防颱經驗，總能慢慢累積交手的智慧。舉幾個成功例子：

「雖然我不知道太太為什麼生氣，但依據經驗，不去理她反而會激怒她，比較合適的做法就是為她倒杯水，主動表達關心。」

「雖然我無法讓先生跟我一樣愛乾淨，但我知道如何向他請求協助比較有效。」

「雖然我無法改變先生管教孩子的方法，但我們學會分工，例如他負責學業指導，我負責生活上的照顧。」

「我跟先生對於假日到底該回誰家沒有共識，但現在我們會分頭行動，週末各自回自己的家，某些重要節日才一同出席。」

以我的經驗，學會「回應」而非「解決」問題，在教養孩子上也同樣適用。例如孩子寫作業容易分心，或許很難找到有效辦法讓孩子馬上專心，但是我們可以換個角度思考，孩子不專心的時候該怎麼辦。在反覆經過責罵、處罰、提醒、忽略、鼓勵、訓練等等不同的做法後，最後總會找到一個最適合的方式，例如：

「放學回家先給他一點時間休息、做自己的事，不要急著催促，可以減少很多爭執。」

「孩子專心的時間大約十五分鐘，可以定鬧鐘提醒，每隔十五分鐘就讓他起身動動，效率會更高。」

「威脅要處罰，會讓孩子更緊張，反而寫得更久。」

在面對關係中的問題時，將注意力放在尋找「當下更適當的回應」，而非執著於解決問題，一方面能幫助我們就事論事，改善眼前困境（無論是承接伴侶與孩子的情緒，或是找到緩和雙方衝突的有效策略）；另一方面，也能減少因為解決不了而產生的自我懷疑與負向情緒。

這種累積因應經驗的過程，就像在撰寫一本關係說明書，讓我們更瞭解如何在每個當下持續引導關係，往更好的方向邁進。

Note

整理一下你的夫妻關係吧——

1 常見的可解決問題有哪些？

2 永久問題有哪些？

3 是否能夠好好回應對方？

放輕鬆
語錄 5

一起按下暫停鍵。

——當家中有人情緒崩潰時，別急著說教或吵架，

先連結情感，再指正行為。

孩子鬧脾氣，爸媽也要靜一靜

最讓父母感到挫折的育兒難題之一，就是在孩子犯錯或鬧脾氣的當下，無法順利讓他聽話配合。有時候是父母控制不住脾氣，單方面地發洩個人情緒，孩子也只顧著哭，卻沒有學會什麼；有時候是父母已經努力地好言相勸，還是沒有辦法讓失控的孩子反省、道歉。

孩子鬧脾氣的時候，通常都不適合管教。因為父母的情緒受孩子影響，很難保持冷靜，可能臉上是生氣的表情、用憤怒的語調說話，加上威嚇的肢體動作（手扠腰、握拳揮舞、跺腳等等），而孩子感受到來自父母的威脅與壓力，自然會用退縮逃避、頂嘴的方式來回應。

犯錯的孩子會處在強烈的負面情緒，有可能擔心被處罰或是害怕被討厭，這些負面情緒不僅不利孩子思考，更容易說謊以迴避處罰，或用哭泣、告狀來規避責任。父母想要讓孩子學會的道理跟教訓，反而是一點也沒學到。

先連結情緒，再糾正行為

父母必須在孩子情緒穩定時教導，才會產生效果，因此正向管教特別強調：「**先連結情緒，再糾正行為**」，每次孩子犯錯的時候，父母有兩件事情需要協助孩子：

①連結情緒：協助孩子穩定自己的情緒。

②糾正行為：告訴孩子哪裡做得不對，需要怎麼改進。

以上兩點有時可以同時進行，有時必須分開進行，判定標準如左表。「先連結情緒，再指正行為」除了增進管教效果，對於穩定父母的情緒也很有幫助。許多父母之所以會在管教上缺乏信心，覺得自己控制不好情緒，就是因為想要同時做到「安撫孩子」跟「教育孩子」兩件事。

這不僅會讓父母手忙腳亂，還會兩者都做不好。但如果將兩個目標分開，有先後分別，就可以讓爸媽在孩子情緒失控時保持冷靜，先專注於與孩子建立情感的連結，不急著說教講道理。

機會教育 vs. 機會不教育		
	機會教育	機會不教育
孩子犯錯的當下	親子雙方的情緒都很穩定，孩子能注視父母的眼睛並能互相對話跟討論。	父母：處於憤怒、不安、羞愧等負面情緒中，情緒無法穩定。 孩子：處於大哭、生氣等情緒激動的狀態，逃避目光接觸，無法好好對話。
做法	1.「連結情緒」與「指正行為」可以同時進行。 2. 當下適合立即進行機會教育，跟孩子討論他所犯的錯誤。	1. 先「連結情緒」，再「指正行為」。 2. 父母可以先找個安全、不怕影響他人的地方，把全部心力放在「情緒連結」上，關心、照顧孩子的心情，並給予孩子接納與理解。 3. 當父母與孩子情緒都穩定後，再指正他的錯誤行為，引導孩子學習與思考。

連結情感三步驟

在孩子犯錯且情緒失控的當下，父母還要保持冷靜與之情感連結並不容易。但我推薦丹尼爾．席格（Daniel Siegel）[5]所提出的情感連結三步驟，簡單、清楚也容易操作，幫助父母在面對孩子的強烈情緒時，更穩定提供孩子所需要的撫慰。

● 步驟①安慰

當孩子處在強烈情緒時，父母要先想辦法安撫他的情緒。如果孩子同意，可以試著擁抱、拍背、摸頭或緊握他的手。帶著關懷跟愛接觸孩子的身體，可以有效改變大腦裡的化學反應，讓他的神經系統冷靜下來，促使帶來愛與快樂感受的賀爾蒙（催產素）被釋放，與壓力有關的激素（皮質醇）則會明顯下降。

除了身體的接觸，溫和不帶威脅的肢體動作也很重要。**「眼睛平視」**是我覺得最簡單、有效的技巧，每當孩子處在激烈情緒需要安慰時，我都會盡量放低身體，坐在地上或蹲下，讓視線可以平視孩子的眼睛、甚至略低於孩子。這個動作傳遞了以下訊息：我並不危險、我是來幫你的、我會聽你說等等。若搭配前述的身體接觸，穩定情緒的效果會更好。

●步驟②確認

當孩子感覺自己被瞭解時，就會冷靜下來。這時，父母可以將孩子處於情緒時的反應回饋給他、同理他可能的感受，並且試著去確認。例如：可以向孩子表達「我知道你現在難受」、「我知道你不喜歡妹妹拿你的玩具」等，讓孩子感受到「爸媽有聽見我說的話」、「爸媽能理解我的感覺」，如此就能幫助孩子情緒穩定下來，同時也拉近親子間的情感。

●步驟③少說多聽

不管大人或小孩，情緒激動時，長篇大論的說教反而會讓問題更糟糕。若想跟孩子連結情感，只需要在孩子旁邊坐下來，安靜地聽他說，給他充分的時間抒解情緒，再搭配上面提到的①安慰②確認，就可以達到很好的效果。

⑤參見《教養，從跟孩子的情緒做朋友開始》，丹尼爾·席格著。

劇場式練習

情緒滿的時候不急著教導

某天晚上九點，兩個孩子睡覺的時間到了，我催促著他們趕快上樓，五歲的妹妹撒嬌想要我抱她上樓，但我沒有同意。

妹妹被我拒絕後有點不開心，貼心的七歲哥哥便自告奮勇要抱妹妹。兩兄妹就像跳社交舞一樣互擁著上樓，但才走到一半，哥哥就重心不穩往前摔，讓妹妹的背直接撞上階梯，痛得慘叫大哭，哥哥也嚇得跑進二樓房間躲起來。

焦急的阿嬤急忙趕來，開始責罵哥哥的不小心。當下我先檢查妹妹的傷勢，確認只是有點破皮，便請阿嬤照顧妹妹，我上樓關心哥哥。

坦白說，我在查看妹妹傷勢時，除了擔心，心裡也有點生氣，滿滿的「怎麼能在樓梯玩」、「看你們以後還敢不敢」這類非理性聲音，得要極力忍耐才有辦法不要對孩子叨念。但我知道，**孩子情緒滿的時候，腦袋是裝不進道理的**，此時對他大吼只是發洩自己的情緒，沒有任何教養效果；我該做的是好好照顧兩個孩子的心情，而不是急著教他們規矩與道理。

走進房間，發現哥哥並沒有開燈，獨自坐在床邊。身體微微發抖，樣子有點激動。

從關懷開啟對話

爸爸：你還好嗎？（我在他身旁坐下來表達關心，哥哥的淚水在眼睛裡打轉，一語不發。）爸爸猜你也很害怕。

哥哥：我想告訴你，妹妹沒事。（拍拍哥哥的背）阿嬤怪我！

爸爸：阿嬤怪我害妹妹受傷！（突然大吼）

哥哥：我知道。阿嬤的確有點生氣，因為她很擔心妹妹。

爸爸：我只想跟你說，妹妹沒事。

哥哥：我不是故意害妹妹受傷的。我不是故意的！（開始大哭）

爸爸：爸爸知道。你只是想要幫忙，你一直都很照顧妹妹。妹妹沒事，爸爸知道，我沒有怪你。你是個很棒的哥哥。（我抱著他，把他摟在懷裡。）

哥哥：我不是好哥哥……我害妹妹受傷。

爸爸：你是好哥哥，你只是想幫忙。

讓孩子好好表達情緒

讓孩子在穩定情緒後整理想法

我不會因為你犯了一個錯，就忘了你幫過妹妹多少次。（哥哥繼續大哭，我抱著他過了十五分鐘，他的情緒才緩和下來。）

哥哥　但我還是覺得阿嬤會怪我……（啜泣著說）

爸爸　有可能。因為她真的很心疼妹妹。

但我猜她很快就會原諒你，因為她也愛你。

她知道你是個好哥哥。（哥哥又沉默了五分鐘，我靜靜地等著他平復心情。）

哥哥　我好多了。

我有點擔心妹妹，我可以去看看她嗎？（緩緩站起身）

爸爸　太好了，我們一起去！

阿嬤看到我們父子走出房門，正準備叨念時，我馬上用眼神示意，請阿嬤先忍耐。哥哥則是走到妹妹身邊輕聲安慰，用手拍拍她。妹妹在哥哥的幫助下，情緒也好多了，兩人就牽手回房睡覺。

雖然整件事情已經完整落幕，但我還是有責任給予提醒。隔天，兄妹倆在客廳玩耍時，我便把他們叫來討論遊戲安全的原則。

帶領孩子回顧事件過程

爸爸　告訴我，昨天在樓梯是怎麼回事？

妹妹　我們摔了一跤，背跟腳都還在痛呢。（拍拍膝蓋）

哥哥　我跟妹妹摔得好慘，雖然我沒受傷，但也嚇了一跳。

引導孩子從錯誤中學習

爸爸　我知道你們不是有意的，但昨天其實很危險。

你們從昨天的事學到什麼？

哥哥　不可以在樓梯玩。

上樓梯的時候不要開玩笑，因為真的很危險。

妹妹　我還是想要哥哥抱我上樓。

但或許，抱到樓梯口就好。

實做一遍加深印象

爸爸　很高興聽到你們都有學到東西。

但我不確定你們是不是真的記得，可以輪流走一遍看看嗎？

哥哥　我先來～（哥哥用一般步行的速度走上樓梯，妹妹也依著哥哥的速度走上樓梯。）

爸爸　你們做得很好。

那一跤雖然傷了妹妹的背，卻也給我們一個機會學習好好上樓梯的方法。（拍拍兩人的頭）

雙寶家庭狀況何其多，
明明爸媽自認為已經公平、公正、公開，
孩子還是會抱怨爸媽偏心！
其實，孩子小小的心裡也有無法表達清楚的真心話，
渴望爸媽能聽到與瞭解。

PART 2 雙寶狀況劇

爸媽最苦惱的 9 大手足相處問題，
帶著孩子轉換思考有效解決。

愛吃醋

你們只愛妹妹，
我才不想當哥哥！

——當唯一霸主遇上外來侵略者，

大寶對二寶的醋意該如何解呢？

雙寶狀況劇：愛吃醋

看著爸媽手忙腳亂地幫妹妹穿衣服，大寶也行為退化般地站在原地……

媽媽，我不會穿！

爸爸，我這樣穿，對嗎？

我的襪子不見了！

爸媽常這樣說

「你已經是哥哥姐姐了，要懂事一點！」

「我需要照顧妹妹，你不能自己來嗎？」

試試這樣說

「小寶貝，你現在也需要爸爸抱一抱是嗎？」

「沒有問題，我也很願意幫你，我馬上來。」

孩子想說的是……

「爸爸媽媽有了弟弟妹妹之後，好像沒有像以前一樣愛我了！」

孩子需要的是……

「請讓我感受到，你對我的愛沒有改變，我仍是你心裡重視的那一個！」

給大寶一點放電時間

自從妹妹出生後，我跟太太為了照顧這位新成員，經常忙得人仰馬翻。兩歲多的兒子平常極少顯露對妹妹的吃醋情緒，直到某一日，他終於「爆發」了。

當時哥哥玩玩具遭遇了挫折，突然歇斯底里地大哭。我心裡明白，這眼淚不只是為了遊戲時的受挫而流，還有好多對於妹妹搶走周遭大人目光的情緒！他很愛妹妹，但不喜歡被冷落，小小的他不知怎麼處理如此複雜的感覺，只好用大哭來表現。

那是很誇張的大哭，幾乎到了尖叫的程度，前後持續近二十分鐘，我只是安靜地坐在他身旁，輕聲說：「哭哭沒關係，想哭的時候我們可以哭哭。」

我偶爾拍拍他的背，或是摟摟他的肩，用很自在、很平靜、不退讓、不處罰、不警告的方式陪伴兒子；雖然我喜歡他的笑，但也真心喜歡他為自己哭一哭。

二十分鐘後，他用沙啞的聲音討水喝，並主動要求我跟媽媽的抱抱。沒多久，他又回到那個開懷大笑的可愛寶貝！

我稱這為大寶的「放電完畢」。

▲給孩子一段放電時間，讓他變回可愛的寶貝。

孩子都希望自己是父母的寶貝

心理學家阿德勒（Alfred Adler）曾說：「如果家中是個太陽系，每個孩子都努力為自己爭取一個像是太陽的位置。」幾乎所有孩子都渴望得到父母的關注，希望自己是家裡最被在乎的那一個。

獨生子（女）可以獨享家中成人所有的時間、關注、陪伴與協助，深刻感覺自己的重要性，也相信一切都會延續下去。但二寶的加入讓一切變得不一樣了，剛出生的弟弟妹妹瞬間占據所有大人的注意。當弟妹享受餵奶、換尿布、哄睡等等照顧的時候，他只能得到「等一下」的回應。大寶就像是被拉下王位的國王，還得目睹入侵者（弟妹）被放上王座，享盡原本只屬於自己的愛與關注。

因此，大寶的主觀感受是——「爸爸媽媽被搶走了，我失去原有地位了！」不僅會不安，也會對弟弟妹妹產生嫉妒，並且努力用他的小腦袋瓜想著到底要做點什麼，才能重新得到爸媽的關注？

阿德勒曾說：「孩子是很棒的觀察者，卻是很糟糕的解讀者！」他們可以清楚觀察到弟妹獲得父母很多照顧，卻沒有足夠的成熟度去理解父母這麼做的原因——那只是因為弟妹的年紀還小。

若大寶誤解自己得要像弟妹一樣什麼都不會，爸媽才會像以前一樣照顧自己，就會「行為退化」，例如討抱、哭鬧、要爸媽餵飯、尿床等等；或是認為得趕走弟妹，才能把爸媽搶回來，可能就會攻擊或不當地逗弄二寶。

愛，得從互動學習而來

多數父母看到大寶出現不恰當行為時，會警告、說道理、不予理會或處罰；最常見的說法就是——「你已經是哥哥了，要懂事一點！」、「你這樣不乖，媽媽不喜歡你了！」

這類說詞反而會強化大寶的不安，覺得失去了爸媽的愛。孩子愈感到不安，行為問題就愈嚴重，會更想要搶回爸媽的愛與關注，形成惡性循環。

如果父母瞭解，大寶的吃醋與行為退化不是因為討厭弟妹、也不是故意要找麻煩，而是想確認大人是否在意他，就比較不會被激怒，能溫和地回應大寶的需求。

讓我們再換個角度想，如果說「愛」這種情感，需要透過許多正向的相處經驗累積，才能夠逐漸培養起來，那麼大寶其實沒有理由要馬上愛自己的弟弟妹妹。因為這個跟著媽媽一起返家，愛哭又脆弱的嬰兒，根本就還沒跟大寶產生任何實質的關係。

無論父母如何費心在懷孕期間給大寶心理建設，大寶還是得需要實際的相處，才有可能產生愛弟妹的感覺，畢竟「愛」得從互動經驗而來，沒有辦法用指定跟要求的。也因此，父母想要用「你現在已經是哥哥姐姐了」這類的話，來要求大寶退讓與容忍，很少能獲得良好的效果。

建立跟每個孩子的親密暗號與獨處時光

要消除大寶對二寶的敵意，得讓大寶「感受到爸媽在乎自己」。只有當孩子能確保與爸媽的連結，愛與安全感都充足，才有機會激發大寶對弟妹的友愛與正面情感。但是爸媽需要分出大量時間照顧剛出生的二寶，能夠陪伴大寶時間大幅減少，要如何讓大寶擁有被全心關注的感覺呢？

首先父母可以嘗試跟大寶創造屬於兩人間的親密小暗號——也就是跟孩子約定好只要爸媽做了某個動作，就代表某個要傳遞給你的訊息，這是「我們彼此才懂的小祕密」。在我們家，有些暗號是家人共通的，例如「捏你的手三下，就代表我愛你」、「拉拉爸爸的褲子」就是「爸爸你蹲下來，我有話要說。」、「用手互拍一下，再互撞一下拳頭」

▲ 一段專注陪伴孩子的時間，能為親子關係做最好的充電。

就是「加油」的意思。有些暗號則是個人專屬，例如「用力搓搓兒子的頭髮」就是我向哥哥表達愛與親密的暗號，所以無論我正在忙什麼事，晾衣服、餵奶、摺衣服、哄睡妹妹、打電腦……只要有機會，我就會伸手搓搓兒子的頭髮，讓哥哥知道爸爸真的很愛他。

隨著妹妹漸漸長大，我也跟女兒建立屬於父女倆的暗號，每當我要向妹妹表達愛與親密時，我就會「親吻她的右臉頰」。我期許自己盡可能在與兩兄妹相處的時候，都能維持一致公平的親密感；同時也試著用一點巧思與創意，希望讓他們兩人都能感覺到，自己在爸爸心中，有著難以取代的獨特地位。

要讓大寶感受到愛與關注，並且確認自己在父母心中的重要性，還有另外一個有用的方法——**精心時刻**。

「精心時刻」是指保留大約十五分鐘的時間給孩子，讓他有機會跟爸媽獨處。在這段時間，爸媽會放下手上所有事，關掉手機跟電視，專心地跟大寶個別約會，例如說故事、堆積木、洗澡、一起出門買東西等等。一起做什麼並不重要，重點是要透過這個安排，告訴孩子「**你很重要，我很喜歡跟你在一起**」。當大寶感受到自己在爸媽心中的重要性，就會減少用各種不當的行為，吸引爸媽的注意。

平時親子常充電，忙碌時刻不添亂

但有些時候，爸媽真的忙不過來，必須請大寶給點耐心。若大人總對孩子說：「我現在很忙！」大寶不僅會失望，還會鬧脾氣。

若你已跟孩子建立了「精心時刻」的固定習慣，忙不過來時只要跟大寶說：「很抱歉，我現在沒有辦法，可以等我們晚上約會時，再一起做這件事嗎？」僅僅如此，就會給孩子很不一樣的感覺。

我家妹妹剛出生時，哥哥只有兩歲半。雖然我花了很多心力照顧妹妹，但也很重視與哥哥的獨處。每一天會有兩個時段，是我們父子倆固定的「精心時刻」。

一個是早上十點半妹妹小睡的時候，我會用大約二十分鐘的時間陪哥哥唸繪本或是一起畫畫等等。另一個時間就是晚上的洗澡，此時媽媽通常已經下班回家，我會把妹妹交給媽媽，跟哥哥一起洗「精心時刻澡」！我們在浴室唱歌、玩水，這時候的爸爸專屬於他、只陪他一個人，哥哥可以重新確認自己的位置依舊穩固，就不再需要用吃醋或欺負妹妹的方式吸引我注意。因此，我也常把每晚跟兒子的共浴形容成「父子間的快速充電」。

父母也要和漸漸長大的二寶有個別獨處的機會。我跟妹妹曾有一段很特別的精心時刻，至今讓我印象深刻。

劇場式練習

隨時隨地營造精心時刻

某天晚餐後，哥哥跟媽媽在為功課奮戰，我邀六歲的妹妹一起去車上拿東西，她很高興，還去廚房拿了個大橘子，說要在路上野餐。我們沿路開心唱歌，拿完東西後，坐在路邊的椅子上分橘子吃。

妹妹：「爸爸，我們玩個遊戲，我餵你吃橘子，你也餵我好嗎？」

我：「當然好！」

我們父女倆坐在路邊，邊吃邊玩。然後妹妹說起學校聖誕節舞會的練習心得。

我：「爸爸覺得好可惜，好想到現場看妳表演，可惜那天我必須出門工作。」

妹妹：「我有認真練習，所以也很想爸爸能夠到學校看我跳舞。」

我：「我會請媽媽幫忙錄影，我們回家可以一起看。」

妹妹：「那不一樣，我覺得爸爸在現場看比較好。」

聽妹妹這麼一說，我們兩人都有點難過。忽然，我看到眼前的人行道在路燈的照耀下，就像個閃亮的舞台。我說：「妹妹，妳願意在這裡跳給我看嗎？」

妹妹：「這裡又不是學校的舞台，而且也沒有同學一起跳啊！」

我：「沒有其他同學沒關係，就算爸爸到了現場看，我也只看得見妳。每個爸爸媽媽都一樣，無論自己孩子站在舞台的哪裡，都只看得見他。妳願意在這裡跳給爸爸看嗎？」

妹妹很害羞，猶豫著該不該答應這個荒謬的要求，過了三分鐘後說：「我試試看，今晚我只為你一個人跳。」

我：「這就是爸比專屬的表演。」

妹妹在路燈的照耀下，害羞地小聲唱歌，用心地為我跳了兩支舞。跳完後，我給了她一個大大的擁抱。

妹妹：「爸比！我跳得好看嗎？」

我：「這是我看過最棒的表演，謝謝妳送我這麼棒的禮物！」

妹妹親了我臉頰一下，在我耳邊小聲說：「不客氣，因為我最愛爸比。」

▲ 與孩子相處的每段時間，都是我們的精心時刻。

嫉妒

你們都對妹妹比較好！

——只看見大人對二寶好，大寶難免心生嫉妒。

這時的最佳解決方法，

就是讓他從「小麻煩」進化成「小幫手」。

雙寶狀況劇：嫉妒

你正在餵二寶喝奶，一旁的大寶此時擠過來，貼著你撒嬌說⋯⋯

媽媽，我也要抱抱！

你現在都只抱妹妹！

你們都對妹妹比較好⋯⋯

爸媽常這樣說

「妹妹還小啊，你已經長大了！」

「要像個姐姐，妳小時候我們也是這樣幫妳啊！」

試試這樣說

「我們一起哄妹妹睡覺好嗎？快點把任務完成，就可以一起玩。」

「我正好需要一個小幫手，可以幫我拿奶瓶嗎？」

孩子想說的是⋯⋯

「到底要怎樣才能讓你們注意到我呢？」

孩子需要的是⋯⋯

「請讓我感覺到，你很需要我，並讓我知道如何能幫上忙！」

時時表達對小幫手的感謝

我在當家庭主夫期間，經常請哥哥幫忙照顧妹妹，讓我可以暫時抽身去做家事。但是，在做家事前，我會很慎重地拜託兒子，一定要先徵得他的同意，才會交付任務。例如當我想去晾衣服，把妹妹託給哥哥看顧時，每隔幾分鐘我就會進房間看一看，一方面確認妹妹的安全，另一方面也對哥哥道謝，我會說：

「我知道陪妹妹很辛苦，真的很謝謝你！」

「哥哥你還好嗎？」

「幸好有你的幫忙，爸爸才能把衣服晾好。」

也許有人認為，晾個衣服還要這樣跑來跑去，實在沒效率。但是我覺得就算多花點時間，也要讓哥哥覺得自己的付出很重要，而且當他知道自己的辛苦與努力都有被爸爸看在眼裡，就會真心喜歡幫忙；當他真心喜歡幫忙，才會願意幫更多忙！

▲將孩子可能的搗亂轉為幫助，更能化解嫉妒的心情。

邀請大寶來當小幫手

剛迎接新生命到來的雙寶父母，需同時照顧嬰兒跟幼童，此時二寶正需要頻繁餵奶、陪玩、哄睡，理所當然會花費照顧者較多的時間；但大寶卻也處於討愛的年紀，特別會吃醋，無法接受自己總是被冷落！這是雙寶父母最辛苦的部分。

在育兒工作加倍的情況下，親子互動自然會改變，因為無論父母怎麼努力把時間留給大寶，也不可能繼續用原有的方式互動。此時與其難過疏忽了大寶，不如思考如何訓練大寶，鼓勵他用不一樣的方式，來贏得愛與關注。

出生排行影響孩子的人格發展

阿德勒曾提到，孩子的出生排行會影響他在家中的處境與位置，進而影響人格特質。例如長子與長女較有機會協助照顧弟妹，所以有比較高的機率發展出負責、體貼、服從的特質；而老么通常是被照顧的角色，所以有比較高的機率會發展出有幽默感、表達力佳、充滿創意的特質。

依據阿德勒學派的教養理念，雖然大寶在弟妹出生後，會因為感覺自己的地位被搶走，而有行為退化的情形出現，但若父母能夠適度引導，就有機會重新「進化」自己的角色跟位置，**從需要被照顧的小麻煩，升級成小幫手。**

邀請大寶合作照顧弟妹，有兩大好處：

①提高歸屬感：能讓大寶感受到與父母的連結，確認自己的重要性，有效提高大寶的歸屬感，讓他有「我跟父母是同一國的」、「我在爸媽心中是重要的」的感覺。

②增加孩子自信：跟父母共同解決照顧弟妹的難題，可以增加大寶的自信，從中產生成就感。當他覺得「我有能力照顧妹妹」、「這個妹妹還做不到，但是我可以！」自然更願意幫助父母。只要大寶與父母的情感連結愈穩固，就愈不需要用吃醋、搗蛋來確認自己在父母心中的地位。

創造大寶當小幫手的正循環

我家妹妹出生時，哥哥只有兩歲半，正是有基本行動能力的時候，當時我十分依賴他的協助，其實有很多事情只要經過基本訓練，即便哥哥年紀還小，也能做得很好。

例如請哥哥幫忙拿乾淨尿布、丟髒尿布；把空奶瓶拿去洗手槽……每一次只要哥哥願意協助，我都會給他一個大擁抱誠心感謝，再補充一句：「沒有你幫忙，爸爸一個人真的做不來！」多數時候他都很享受這些小幫手任務。

在我跟太太的引導下，哥哥進化成「小幫手」的過程還挺順利的，幼兒時期的他很少因為吃醋而鬧脾氣，而「照顧妹妹」也成為他在家中穩定獲得價值感的方式。

隨著年紀的增長，他能協助的事項愈來愈多，從協助我餵食妹妹吃副食品、哄睡、在我做家事時看顧妹妹的安全；到陪幼兒期的妹妹玩、出門幫忙牽妹妹、讀故事書給妹妹聽、帶妹妹去上廁所；到現在兩人都上小學了，哥哥也能帶著妹妹搭公車上學，指導妹妹完成學校作業。

這是個正向循環，隨著哥哥能幫的忙愈多，我就能空出更多時間，來培養與哥哥之間的夥伴關係，提高他擔任小幫手的能力，並且在過程中給他滿滿的肯定與鼓勵。另一方面，也因為哥哥在協助爸爸與妹妹的過程中，總能獲得許多正向經驗，這會讓他有更高的意願，擔任爸爸的育兒小幫手。

大寶是夥伴，不是小僕人

邀請大寶擔任小幫手的時候，要避免把他當成僕人，強迫他完成任務。父母若太常用「主從」關係要求大寶，孩子只會覺得有壓力，很難享受到幫助忙父母的樂趣。

父母要跟大寶建立的是「夥伴」關係，當中有兩個重點需要特別注意，分別是「尊重」與「合作」。

「尊重」是指尊重孩子的意願。父母可以邀請大寶協助，但不能強迫他要配合。如果大寶因為正在玩玩具或是吃醋等原因，拒絕提供幫助，也要尊重他的決定。此時爸媽可以說：「沒關係！如果等等你願意幫忙的話，隨時歡迎過來！」大寶不見得每次都願意，但只要他有幫忙，一定要表達感謝。大寶在幫忙的過程中感受愈好，繼續提供協助的意願也愈高。

而「合作」是指在邀請大寶照顧弟妹或協助家務時，務必認真參考他的想法與意見，而不是直接給予命令。當大寶感覺這是自己跟爸媽一起想出來的，做起來會更有成就感，也會有更高的意願去執行。

小小孩就可以是好幫手

親子間的合作，在大寶兩、三歲的時候就可以開始嘗試了，例如在我家，從哥哥兩歲多開始，我就會找他討論怎樣幫助妹妹，分工完成育兒任務。

例如在妹妹哭的時候，我會問他：「你覺得妹妹為什麼哭？我們可以怎樣幫助她？現在你可以做什麼？你覺得爸爸可以做什麼？」參考大寶的意見，也可以擴展父母育兒的創造力與彈性，有的時候幼兒會提供大人根本想不到、很天馬行空的意見，卻意外地「有效」。

曾有一次讓我印象深刻的經驗。

某天，八個月大的妹妹不知為何哭鬧個不停，既不是餓、也不是尿布濕，更還沒到睡覺時間，我抱著妹妹不知所措，正好哥哥拉著小被被經過，我困擾地問：「哥哥，你知道妹妹怎麼了嗎？爸爸不懂她需要什麼。」

他歪著頭觀察妹妹，點點頭說：「妹妹想要『阿ㄇㄛ』啦！」

我好奇地問：「什麼是『阿ㄇㄛ』？」

哥哥去拿了本狗狗小百科，翻到印有沙皮狗的那頁說：「這個就是『阿ㄇㄛ』！」

神奇的是，妹妹一看到沙皮狗的照片後，還真的停下哭聲凝視起那張圖。我又驚又喜，給了哥哥一個感謝的抱抱：「真的很謝謝你！」

他聳聳肩一派輕鬆地回答：「爸爸沒有我幫忙，真的不行！」

劇場式練習

讓大寶成為小幫手的對話練習

今天晚上指導兩個孩子寫作業，急性子的我跟六歲的妹妹陷入嚴重拉扯。妹妹寫作業寫到哭了，我也氣得快控制不了脾氣，決定放下功課，幫孩子洗澡轉換心情。八歲的哥哥先進浴室，我決定跟哥哥傾訴我的難題。

向孩子求助

爸爸　哥哥，我真的不知道該怎麼辦？用了很多方式鼓勵妹妹，但是她總是連嘗試也不願意。我覺得有點灰心。（一臉沮喪）

哥哥　（搖搖頭沒有說話，只是安靜地拿蓮蓬頭沖洗身體。）

爸爸　我記得一年級時的你也是如此，光要寫一個字都很困難……每天寫作業都像一場大戰。

邀請孩子一起找解決方法

哥哥　我不記得了，真的有這樣嗎？

爸爸　是啊，哥哥，我想請教你，因為你是剛走過這個難題的人。你覺得……我在指導妹妹寫作業的時候，有什麼可以改進的部分嗎？

哥哥　（哥哥沉默了一會兒）你應該多考慮妹妹的心情……

爸爸　你太著急了。

哥哥　考慮妹妹的心情？

爸爸　什麼意思？（充滿訝異）

哥哥　妹妹覺得作業很難，她覺得自己學不會。

爸爸　你應該讓她自己安靜一下……讓她自己想，才有辦法繼續寫。

哥哥　你覺得她需要安靜多久？

爸爸　不一定。

哥哥　要看她有多傷心。

爸爸　如果是有一點傷心呢？

哥哥　如果是普通的傷心……

爸爸　大概會需要十分鐘吧！

哥哥　如果是很傷心呢？

爸爸　可能就需要四十分鐘了。

哥哥　這麼久？如果我等不及一直唸呢？

爸爸　一個人在傷心的時候，你還一直唸，只會讓人覺得很煩，而且爸比真的會一直說。

認真思考孩子的想法與意見

爸爸　可是晚上的時間寶貴，如果要等妹妹傷心夠……
　　　作業沒完成怎麼辦？

哥哥　如果她沒完成作業，明天就得向老師道歉，你應該讓老師來
　　　幫她，不用一直說個不停。

我好喜歡「妹妹需要安靜一下」這個觀點。哥哥比我更能同理妹妹陷在困難中的感受，也提醒我應該多留給時間給妹妹沉澱思考，而不是急著去解決問題。

▲ 孩子的問題有時候不用急著解決，而是想辦法應對。

推責

都是妹妹啦，我又沒有錯！

——孩子總是因為害怕被罵而推責，

把犯錯都當成學習良機，朝更好邁進！

雙寶狀況劇：推責

好不容易安撫好二寶，可以安靜地玩耍，沒想到大寶跑來，
一個不注意就撞上，惹得二寶嚎啕大哭……

我只是想找妹妹玩而已！

妹妹好吵，真愛哭！

是她自己擋在這裡的，又不是我。

爸媽常這樣說

「你是哥哥，就不能動作輕一點嗎？」

「為什麼你每次都要惹妹妹哭呢？」

試試這樣說

「沒關係，爸爸不怪你！我知道你只是想要幫忙。」

「你想不想知道，妹妹比較喜歡你怎麼跟她玩？」

孩子想說的是……

「我不是故意的，是真的不知道怎麼做才好。」

孩子需要的是……

「當我做錯的時候，請教導我而不要罵我！」

肯定孩子，花時間也值得

某天下午，我把四個月大的妹妹哄睡後，請在旁邊玩積木的兩歲半哥哥幫忙看顧，便去陽台晾衣服。過沒幾分鐘，聽到妹妹大哭，我趕緊進房查看，只見哥哥用手大力拍著妹妹的肚子。

爸爸　哥哥你在幹嘛？不可以這麼用力，妹妹會痛！（語調急切）

哥哥　（哥哥被嚇到，瞬間癟起嘴，眼眶泛起淚。）

爸爸　（我先緩和情緒深呼吸，換個溫和的口氣，瞭解事情經過。）
真抱歉！因為著急，所以聲音大了點，
可以讓爸爸知道為什麼要用力拍妹妹的肚子嗎？

哥哥　妹妹，哭哭！我秀秀……（小聲地說）

爸爸　你想幫忙秀秀妹妹嗎？
很感謝你願意幫忙，可是剛才你的力氣太大了。
妹妹現在還是好難過，我們一起秀秀她，好嗎？（我輕輕抓著

理解孩子動機

哥哥的手，幫助他控制力道。）

爸爸　這個叫秀秀！要輕一點。（我用手輕拍妹妹的肚子）

你可以秀秀爸爸的手當練習。（我放開哥哥的手讓他練習，沒想到他一掌還是挺大力的。）

爸爸　NO、NO，這個叫打打！

感覺一下，這樣才叫秀秀。（再次牽起哥哥的手，引導他控制力道。）

反覆引導學習

父子倆就這樣反覆地拿妹妹練習，前後大約五分鐘，我才把妹妹抱起來安撫。從這天起，只要妹妹哭鬧，我就會邀哥哥來學習秀秀的力道，持續了大約兩週近四十多次。隨著次數的增加，哥哥安撫寶寶的能力大大提升。

至於我是何時知道可以停止這個練習的呢？

有一天我在上廁所，依稀聽到應該已經熟睡的妹妹哭了，但哭聲隨即就消失不見，原以為是聽錯，沒想到走進房間，看到哥哥坐在妹妹床邊。

哥哥　妹妹不哭，哥哥秀秀！（一隻手輕輕拍著妹妹，小聲說話。）

▲帶領孩子一起學習，我們父子是最好的夥伴。

教導孩子更能面對犯錯

父母總是期望大寶可以當「幫手」而不是「搗蛋鬼」，但這個目標卻很難達成。即使父母反覆催促拜託，大寶也不見得想幫忙；即使願意幫忙，也不見得能做好，真的會讓父母感嘆：還不如自己來比較快！這時候該怎麼辦？

視犯錯為學習的機會

大寶不會因為弟妹的來到，就立刻變得成熟懂事，他需要時間來消化因角色改變而來的壓力與情緒，也需要學習新的技能，才能往「好哥哥」、「好姐姐」的方向前進。因此大寶的犯錯是必然的，但照顧新生兒的忙碌，總是讓父母忘記大寶也只是個孩子。孩子的成熟需要一定的時間，不是單純依靠處罰、責備就可以加速這過程。

要引導大寶一起參與照顧弟妹，父母得改變看待「錯誤」的態度——把**「犯錯當成學習的機會」**，大寶犯了錯，父母才有機會瞭解他欠缺的能力。犯錯是孩子成長與學習的良機，只要父母能夠瞭解、接納、原諒，跟孩子一起找出方法解決，孩子不只可以從中學到更多技能，跟父母的關係也會更親近。

想要培養孩子主動嘗試、自動自發的特質，得從引導孩子不怕犯錯開始；做錯事，先別急著責備、處罰，可用啟發式提問，協助孩子探索犯錯的原因、可能的解決之道。例如孩子打翻了水，父母可以問：「水是怎麼打翻的？打翻了可以怎麼辦？」或者大寶打了二寶，父母可以問：「剛才為了什麼事情吵架？」、「妹妹拿你的東西，所以你生氣推她，她下一次又拿你的東西時可以怎麼做？」

孩子犯了錯，父母該著重的是如何讓孩子從錯誤中學習、提升解決問題的能力，而不是讓他得到教訓後不敢再犯。

關注大寶做得好的時刻

要能夠讓大寶願意幫忙、也培養出幫忙的能力，就需要讓「幫忙」這件事變愉快。父母可以多關注大寶「做得好的時刻」，而不是「犯錯時刻」；因為當孩子做對的時候，才是塑造行為的最佳時機。

首先我們得意識到，陪幼兒玩並不容易，因為幼兒很難用語言溝通，很難捉摸情緒又得順著他的意思玩，有時連大人都覺得辛苦，更別提只是年紀稍大一些的大寶。

爸媽常常只看到兩個孩子玩得很開心，卻沒有覺察到這樣的融洽相處，其實是因為大寶有很多的隱忍與退讓。大人把眼前的和平視為理所當然，轉身去做家事；等到大寶真的忍受不了，跟弟妹有了衝突，才突然冒出來指責。當努力不被大人看見，錯誤卻不斷被放大的情況下，大寶自然不會願意再擔任陪玩的角色。

要怎麼解決這個問題呢？父母可以在孩子融洽相處時，多給予大寶肯定與感謝。一句真心的「謝謝」可以傳遞給大寶兩個重要的訊息：

①你的努力，媽媽有看見：增加孩子的自信。

②你的努力對媽媽來說很重要：讓孩子感受到自己對媽媽的重要性。

手足衝突背後的能力限制

「你能不能對妹妹好點？」、「你們就不能好好相處嗎？」上述的叨念是否常出現在你跟大寶的互動中？如果你常這樣唸孩子，是否想過為什麼孩子做不好該做的事呢？

若大寶始終無法跟二寶好好相處，父母可以去區分孩子的困難是：

①意願不夠：大寶不願或是不想做這件事，即使他可以輕鬆做得到。

②能力不足：大寶並非不想做，只是還沒有足夠的能力去做到。

多數父母在面對手足衝突時，習慣會認定孩子是動機不足、意願不高，總是使盡力氣想引發孩子的動機與意願。例如大寶把二寶弄哭了，父母通常會反覆說教，希望大寶要對二寶好一點；也可能使用獎懲制度，警告大寶再惹二寶哭就要處罰，或是只要好好對待二寶就有糖果吃。

上述方式的背後假設都是——**孩子沒有意願去做**；但有沒有可能是孩子不知道該怎麼做？當孩子缺乏操作與執行的能力時，即使有意願，也不見得真的能做到。要跟年幼的二寶好好相處，大寶需要具備很多的能力，例如管理自己情緒的能力、瞭解弟妹需求的觀察力、拿捏互動時候的掌控力等。當孩子缺乏這些能力，父母再叨念，設定再嚴厲的懲罰，也不會有效果，只會讓大寶挫折倍增，更加沒有跟手足好好相處的動力。

阿德勒正向管教四步驟

若父母想要增進大寶的相關能力，阿德勒學派的正向管教[6]建議用四個步驟，循序漸進地引導孩子。以下分享我家哥哥哄睡妹妹的例子：

●步驟①溫和地說明任務，讓孩子從旁觀摩

先讓哥哥看著我做一遍，說明安撫妹妹的注意事項。牽著他的手跟我一起拍拍妹

妹，透過實際的體驗來感覺不同力道的差別，並且學會拿捏力道的輕重。

●步驟②親子一起進行任務

每次我要哄妹妹睡覺時，都會邀請哥哥一起，讓他輕拍妹妹五分鐘，過程中我會不斷地感謝與肯定他。

●步驟③在父母的督導下，讓孩子獨自進行任務

等到哥哥比較熟練了，我就讓他試著自己哄妹妹睡覺。我只在旁邊陪伴而不介入，有需要的時候便出聲給予建議。

●步驟④孩子覺得準備好時，讓他自己執行任務

等到哥哥能在我面前多次完成哄睡任務，當妹妹哭時，我會拜託他去幫忙安撫，自己就可以繼續手上的家事。

⑥此四步驟概念引自《跟阿德勒學正向教養》。

偏心

媽媽，妳都不公平！

——孩子抗議爸媽「偏心」時，

想想怎麼回應，可以讓他感受到爸媽的愛。

雙寶狀況劇：偏心

弟弟看到哥哥在玩電腦，吵著說他也要玩……

為什麼我都不能玩？

你們都偏心！

哥哥都可以，不公平！

爸媽常這樣說

「兩個不是都一樣，哪裡不公平了？」

「你想太多了吧！」

試試這樣說

「只要通過訓練，你也可以有電腦時間。」

「爸爸該怎麼幫你呢？」

孩子想說的是……

「如果我做得到，就讓我試試看，不要用年紀來判斷我行不行！」

孩子需要的是……

「讓我知道你真的肯定我，也在乎我。」

教導孩子「清楚表達」自己的需求

七歲的妹妹有個壞習慣，喜歡用迂迴的方式表達需求。例如我跟哥哥討論功課時，她就用撒嬌的口氣抗議：「不公平，為什麼爸比都只幫哥哥！」

某天，全家到餐廳吃早午餐，她又開始「為什麼」這類的抱怨，我決定跟兄妹倆好好聊聊這件事。

爸爸　妹妹，妳常常會用「為什麼」來抗議不公平。是真的想知道爸爸這麼做的理由，還是想讓爸爸知道妳也想要？

妹妹　我不太懂爸爸的意思？（歪著頭、面露疑惑表情。）

爸爸　我跟哥哥這週不是因為看牙醫，中午吃漢堡嗎？當妳問我：「不公平，為什麼你們可以一起吃漢堡」時，妳是想知道「爸爸帶哥哥去吃漢堡的原因」，還是想讓爸爸知道「我也很想跟爸爸一起吃漢堡」呢？

核對孩子的需求

妹妹　有什麼不一樣嗎？

爸爸　當然不一樣。

妹妹　不然，妳現在試著來問看看。

爸爸　不公平，為什麼你們那天可以吃漢堡！（開玩笑的口吻）

妹妹　當天的情形是這樣的，我跟哥哥出門太晚，趕著去醫院……所以……接著……

爸爸　然後我們想……最後……（於是我花了十分鐘，詳細說明為何「只」帶哥哥去吃漢堡。）

妹妹　好複雜，爸爸你到底在說什麼？

爸爸　我在說明為什麼會帶哥哥去吃漢堡啊。妳想要聽爸爸解釋嗎？

妹妹　我才不是想要聽這些呢！（搖搖頭）

爸爸　那妳可以更直接地表達「想要什麼」嗎？

妹妹　我也想要像哥哥一樣，跟爸爸一起去吃漢堡。（她沉默地想了想，看著我的眼睛說。）

爸爸　這樣我就知道了，我會找時間帶妳去的！來，練習一下，我模仿妳說話，妳接著把需求說出來。

讓孩子實際體驗
用錯誤方式表達的結果

引導孩子
清楚表達需求

妹妹　為什麼哥哥都可以看平板電腦？

爸爸　我也想要有平板電腦的時間。

妹妹　為什麼爸爸只指導哥哥功課？

爸爸　爸爸可不可以也教教我？

妹妹　為什麼哥哥都可以搭爸爸的摩托車？

爸爸　我也想要搭爸爸的摩托車。

很好，當妳直接表達自己的需求，可以讓別人更瞭解妳要什麼，更清楚怎麼回應，不用費功夫猜妳的心意。

哥哥　（此時哥哥也舉手有話要說）

爸爸　你想說什麼？

哥哥　妹妹妳真的要學會說清楚自己要什麼，不然真的很麻煩。

爸爸　為什麼呢？

會有什麼麻煩？（我感到好奇）

哥哥　因為爸爸囉唆起來真的很可怕。

妳得說清楚，他才不會在大家吃早餐時嘮叨個不停！（笑嘻嘻地說）

不偏心？別為難自己了！

有了第二個孩子後，多數父母會特別執著於「公平」這件事。因為只要孩子常感覺到不公平，家裡就會有數不清的糾紛與衝突。偏偏無論父母如何努力想要一視同仁，孩子還是會不停地抱怨！

事實上，「對待每個孩子都一致」是個不可能、也沒有必要達成的育兒目標，因為兩個孩子的年紀、能力、需求都不同，父母不一樣的回應是很自然合理的，如果刻意追求要一模一樣，反而顯得很奇怪。舉例來說，爸媽會抱著一歲的孩子過馬路、牽著六歲的孩子過馬路，而國、高中階段的孩子，應該要有能力自己過馬路，父母並不會為了要顯示公平，而抱著國中的孩子過馬路。

若為了減少孩子間的爭執與抱怨，就刻意買一樣的玩具、給予一樣的幫助，卻忽略考慮孩子的差異，這只是表面上的公平，無助於化解孩子的不滿。同樣收到一台小汽車當禮物，三歲孩子跟七歲孩子的感覺就不會一樣，父母的一視同仁不一定會讓孩子感覺舒服。

父母真正該追求的是「平等」而不是「公平」。這兩者有何差異呢？我以協助孩子寫功課作為例子：

①**公平：**不管孩子年齡大小，都給一樣的指導時間。

②**平等：**考慮孩子的差異，透過不同的協助達成相近結果。所以會依孩子的狀態、需求，調整指導方式，目標是讓兩個孩子都完成功課，並學會所需的能力。

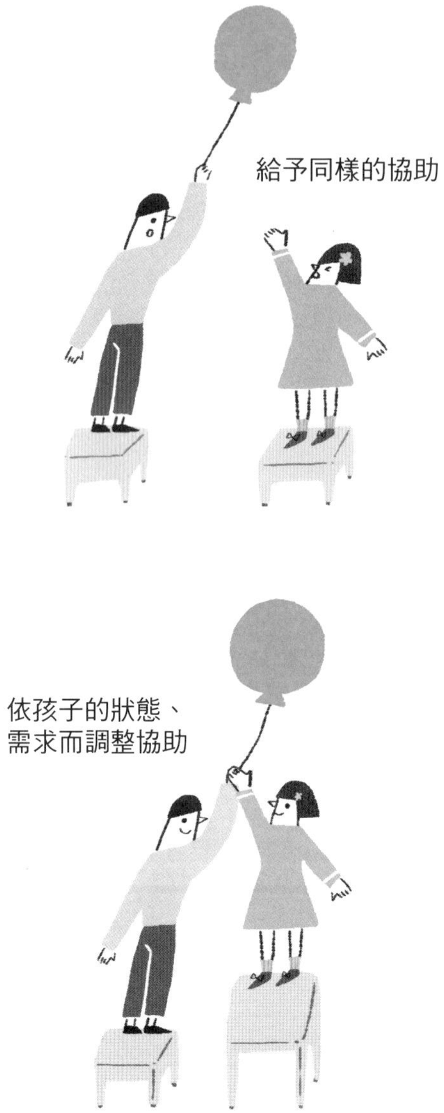

▲ 視每個孩子的需要給予不同協助，
才是真的對孩子好。

孩子想要的是「被肯定、被在乎」

讓父母最抓狂的，就是任何事情都會引發孩子們不公平的感覺，從果汁、餅乾、爸媽抱了誰又親了誰、誰有權決定電視節目……什麼事都可以吵，然後氣憤不平的雙寶就輪流告狀，希望父母維護自己的權益。但事與願違的是，父母的判決很少能化解糾紛，總會惹得雙方更不高興。

要解決上述的僵局，父母要學會「別迷失在孩子們的爭吵裡」，要去釐清「孩子真正想要得到的是什麼？」

阿德勒學派相信，所有孩子的行為，都跟兩種感受的追求有關：

①**價值感**：我是被肯定的。

②**歸屬感**：我是被在乎的。

表面上爭的是零食、節目，其實他們真正要爭的是被爸媽肯定、在乎的感覺。因此當孩子抗議「爸爸／媽媽偏心！」先別急著解釋自己有多公平，不如**把心力花在聽懂孩子要表達的感受**，就可以找到方法讓他們把你的「肯定」、「在乎」放進心裡。

用這個角度來看孩子的控訴，可以幫助父母找到很多努力的空間，多追求「怎樣才能讓孩子感覺到我在乎他」而不是「怎樣讓兩個孩子獲得的一樣多」。**父母沒辦法用固定的方式對待兩個不同的孩子，但一定都能找到方法，增加孩子「被肯定、被在乎」的感覺。**

例如抱著小寶寶餵奶，無法同時抱哥哥，但可以在餵奶的時候關心哥哥的學校生活，讓哥哥感受媽媽的在乎；或是邀請哥哥一起照顧弟妹，過程中多給予鼓勵與感謝，讓他擁有媽媽的肯定。

真正讓孩子挫折的，不是損失了某些權益，而是爸媽無法瞭解自己的感覺，甚至誤會自己。所以當聽到孩子抱怨父母偏心時，有時只是聽他說，確認他的需求，讓孩子感覺到父母想要瞭解，就能有效降低這樣的感受。

「核對」與「否定」，哪裡不一樣？

情境	認真核對孩子的需求	否定孩子的感覺
大寶說妹妹碗裡的餅乾比較多。	•你是不是想要多吃一點？	•其實這兩碗差不多吧？ •只少那麼一點，有差嗎？
爸爸抱妹妹喝奶的時候，大寶在旁邊生氣。	•你是不是也想要爸爸抱一抱？	•你已經長大了，要讓妹妹！ •你就不能讓我好好餵完妹妹嗎？
爸爸陪哥哥寫作業時，二寶在一旁抗議。	•是不是希望爸爸能花點時間陪陪妳？	•安靜一點，哥哥明天要考試了！ •我哪有只陪哥哥？昨天不是也跟妳一起玩黏土嗎？

我個人最常用的方法之一，就是「你也想要，是嗎？」我喜歡跟孩子核對「讓爸爸知道你需要什麼？爸爸可以為你做什麼？」而不是解釋「為什麼別人有我沒有？」這類的抱怨。

讓孩子依據能力來享受權利

你是不是常聽到家中二寶抱怨——「為什麼哥哥可以拿零用錢、為什麼哥哥可以拿刀子幫忙切菜、為什麼只有哥哥可以用手機」等問題。

父母通常會開放較多的權利給年紀與成熟度較高的大寶，然後就引發二寶抗議。但是如果也開放同等的權利給二寶，可能會產生問題，一方面是小的能力未必準備好，另一方面是大的也可能會抗議。這當中的平衡點，真的很難拿捏。

我們家一開始是用年紀來區分權利的有無，例如幾歲時可以拿零用錢、幾歲時可以自己出門去便利商店、幾歲時可以用電腦。但後來我發現這做法並不合適，除了常會引發「爸媽偏心」的抱怨之外，也讓我思考——設定特定年紀的必要性是什麼？如果七歲可以自己去買東西，為什麼六歲十一個月不行？只差一個月，就有能力上的不同嗎？

反過來說，真的是到了那個年紀就合適嗎？

一個經過完整訓練的六歲半孩子，可能比完全沒有訓練的八歲孩子，更能在獨自購物的路上保護自身安全。用年齡來設定資格，其實只是方便父母的管理而已，對於降低孩子的不滿或提升孩子的能力，沒有任何幫助。

能力更多，權利更多

後來我們家改變了做法，權利的享受依據是否具備能力，而不單純看年齡的大小。當孩子的能力愈高，能自主去做的事情就愈多！有點像是考駕照的概念，只要孩子願意接受爸媽的訓練，做好充足的準備與練習，實地演練證明自己做得到，就可以擁有更多的自主性。

以評估「孩子能否自己出門買東西」為例，我設定了必須具備三大能力：

①**記住路線**。

②**安全過馬路**。

③**遇到突發危險的對應**。

我跟太太會講解基本概念，帶孩子實際出門練習，等到孩子覺得準備好了，就會進入「路考」階段，全程讓孩子自己做一遍，爸媽只在旁守護，但盡量不提供協助。當他們透過上述流程證明已具備那三大能力，就擁有自己去便利商店的資格。

因為是以能力而非年紀來獲得自主權，所以有些權利反而是妹妹比哥哥更早擁有，例如妹妹的嗜好是下廚做菜，也接受過比較完整的廚房訓練，因此目前只有七歲的妹妹可以自己拿刀子切東西、可以開瓦斯爐，九歲的哥哥反而還沒有得到這些授權。

所以，當孩子抱怨為什麼某人擁有某個權利的時候，我會很開心地問：「你也想要嗎？那就讓我們來學點東西吧！」

與孩子分享更多的決策權

既然父母再怎麼公平分配，都很難讓雙寶滿意，不如乾脆跟孩子分享「分配與決定的權力」，讓他們自己決策。

舉例來說，我們家每次出門，兩個孩子都會吵誰可以幫忙繳停車費。對兩兄妹來說，投幣、按鈕、看著錢幣「噹噹噹」地掉下來，這流程有著難以言喻的吸引力。

我曾試過指派任務，但最後總會有一方覺得吃虧、抱怨爸爸偏心；也試過讓他們輪流幫忙，但又會陷入「上一次明明就是你！」這種讓人頭疼般的爭論。

後來我說：「現在有以下四個任務要完成：①投進停車幣、②付錢、③拿回停車幣、

④拿回零錢；給你們五分鐘討論，分工決定各自要做什麼，如果沒有共識，就由爸爸來分配。」

若是電視節目的爭論，我會說：「現在開始你們有三十分鐘可以看電視，請兩人討論，決定要看哪個節目、時間怎麼分配。決定好了就讓爸爸知道，早點有共識，就可以早點看。」

若是做家事的爭論，我會說：「現在有一人要幫爸爸洗碗，一人要幫媽媽洗衣服，你們用三分鐘討論一下分工，如果沒有共識，就由爸爸媽媽來挑幫手。」

讓孩子自己分配最公平

讓孩子自己討論、做決定有一個延伸性的應用，就是「**一人分配另一人先選**」。當我們家有蛋糕或果汁要分給兄妹倆的時候，我都是把東西直接放在兩人面前，讓他們決定誰來分成兩份。如果是哥哥分，就由妹妹先挑選，反之亦然。

因為最後會是對方先挑，所以負責分配的孩子往往會瞪大眼睛、盡可能把東西分得一樣多，這樣一來非但不用父母介入，最終也可以和平收場。而實際觀察孩子的分配，發現有個很有趣的現象——孩子對於什麼才是「公平」，總有非常獨特的標準。

如果是蛋糕跟果汁要一樣多，父母還比較好公平處理，若變成「一張貼紙等於幾個

▲既然大人怎麼做都無法讓孩子覺得公平，那就試著讓他們自己決定。

彈珠？曬一件衣服可以抵洗幾個杯子？」這類事物的公平性往往都很主觀，無論父母怎麼衡量都很難讓雙寶覺得公平。讓孩子自己協商，比較能達成兩人都能接受的平衡。

像我就無法理解，為什麼「按一次電梯」可以跟「拿鑰匙開家門」交換，卻不能跟「開公寓樓梯間大門」交換，不過只要他們兄妹倆能成交，我也樂得輕鬆。

讓孩子參與決策的另一個好處，就是可以把很多的手足衝突單純化。前面提到，孩子爭取的不見得是表面上的好處，而是背後「誰比較重要」的感覺，只要父母能退出主導與分配的角色，就能減少「爸媽比較愛誰」的爭議，孩子反而較能把焦點放在該協商的事情上，專注思考「拿巧克力交換妹妹的餅乾到底划不划算」之類的問題。

▲ 父母要勇敢退出主導工作，孩子的規則孩子決定，更能聚焦在協商上。

霸占

這個是我的，才不要借妹妹！

——分享的能力不是天生的，

先從瞭解孩子的心理發展開始，再手把手地教會他。

雙寶狀況劇：霸占

妹妹想玩哥哥的玩具，但哥哥不想借，兄妹倆吵了起來……

這是我的，為什麼一定要借？

她會把我的玩具弄壞！

我就是不想借她！

爸媽常這樣說

「你是哥哥，可以讓一下妹妹嗎？」

「你們再吵，我就沒收玩具，誰都別玩！」

試試這樣說

「這個玩具是你的，你可以決定要不要分享。」

「我注意到妹妹很想玩，如果你願意分享的話，她會很高興喔！」

孩子想說的是……

「那個是我的，請尊重我的意願！」

「我還不懂分享是什麼，在我學會之前不要一直勉強我！」

孩子需要的是……

「請多給我一點耐心，等我長大一點，會更願意分享。」

「請先教我怎樣愛自己，再引導我去愛別人。」

「分享」從思考開始

哥哥七歲、妹妹五歲的時候，住台中的外婆給了孩子兩顆扭蛋玩具當禮物，哥哥的扭蛋裡有神奇寶貝貼紙，妹妹的扭蛋裡是公主小玩具。

麻煩來了，妹妹比較喜歡哥哥的扭蛋，想要交換，但哥哥不肯。兩人因此大吵，吵到外婆都受不了了，想帶兩個孩子出門再買，我趕緊勸阻岳母，帶著兩個孩子討論眼前的難題。

爸爸　我猜你很喜歡這顆扭蛋。
　　　假如要跟妹妹換，你有點捨不得？（同理哥哥的感受）

哥哥　沒錯！而且她那個是小公主。
　　　我不喜歡小公主的玩具！（點頭）

爸爸　我想妳比較喜歡哥哥的扭蛋。（我轉頭對妹妹說）
　　　拿到的不是神奇寶貝貼紙，妳覺得難受，是嗎？（同理妹妹的感受）

同理雙方感受，讓孩子感覺有人懂他

妹妹　我也喜歡神奇寶貝貼紙！

我沒有說要小公主，是外婆覺得我喜歡小公主。（眼眶裡都是淚水）

爸爸　我很在意你們的心情。

但我們不能讓外婆再買一次。如果只讓妹妹重新挑一個，哥哥會覺得不公平；如果你們都再買一顆，妹妹還是會覺得拿到神奇寶貝貼紙的哥哥占便宜。

所以現在有兩個選擇：

①這次先一起分享，之後如果遇到扭蛋機再合挑一個兩人都喜歡的扭蛋，一起擁有新玩具。

②神奇寶貝貼紙先歸哥哥，外婆這個算爸爸的。未來妹妹再去選一個喜歡的扭蛋，這樣你們都能擁有自己喜歡的玩具。

設定協商主題

說完話後，兩個孩子各自退到一旁去思考。哥哥陷入天人交戰，是要現在忍痛跟妹妹分享貼紙，之後再一起挑新玩具？還是滿足現在的獨占需求，但未來得忍受妹妹有新玩具卻不分享給他？我跟太太不想介入，讓兩兄妹自己討論。兩人從上午十點討論到下午三點，才做出結論。

哥哥　我們決定要共享貼紙還有公主玩具，之後再一起挑選、一起玩新的扭蛋玩具！

妹妹　還是兩人一起玩比較好！

爸爸　我很高興你們可以透過討論，找到兩個人都覺得公平的決定。（摸摸兩個孩子的頭）

肯定孩子透過協商找到共識

▲ 讓孩子自己判斷，自然會找到他們想要的答案。

大腦夠成熟，才能懂分享

「孩子無法與人分享？」是很多爸媽的憂慮，看著孩子霸占一大堆玩具，卻連一台小汽車也不願分給別人玩，會讓大人十分羞愧，忍不住想開罵，甚至會直接拿走孩子手上的玩具，以示懲罰。

別急著罵孩子小氣、自私，讓我們先對「分享」有更多理解。

「分享」意指「暫時犧牲自己少部分利益，換得對方或是雙方更多利益」的行為。因此要孩子樂於分享，得從凡事以自我為中心，進化到能夠關心他人的需求與感受，像是「雖然我暫時不能玩這玩具，但是妹妹會玩得很開心，看到她開心我也很高興」。

大約要五、六歲後，兒童才會逐漸發展出能站在別人角度去想事情的同理心，在這之前，孩子雖然也能分享，卻無法體會個中美好。除了生理限制導致同理心不足之外，六歲前的孩子還欠缺幾個關鍵的理解能力，導致他很難大方與人分享：

①物權的概念不清楚：孩子對這個玩具是「我的」、「別人的」、還是「大家的」有困惑？

②所有權的範圍不明：孩子不確定這個玩具給出去，是「借」還是「送」？對方會「歸還」還是「占有」？

③時間的感覺不清楚：媽媽說玩具借妹妹玩一下，但「一下」是多久？

從上面的說明可以瞭解，分享的能力跟孩子大腦的成熟度有很大關聯。爸媽太早強迫孩子與人分享，效果並不好，孩子還可能因為爸媽的責備與強迫，對分享感到排斥，出現更多獨占行為。

幫助孩子從「我有」到「我也讓你有」

五歲左右是訓練孩子分享的最佳時間點，訓練孩子「大方」前，需要先充分滿足孩子的「占有欲」。

孩子的發展歷程，是先從自己的需求被滿足之後，才進展到關注他人的需求。我很喜歡李坤珊老師[7]所說：「從『我』才有可能看到『你』；從『我有』，才能體會『我

⑦引自《讓孩子安心做自己》，李坤珊著。

也讓你有』；從『我得到保護了』，才會發展出『我也能保護他人』。這不是自私，而是成長必經的發展過程。人要學會愛自己，才知道如何愛人！」

接下來我以玩具為例，向各位介紹我家實行「先滿足占有，再引導分享」的做法。兩個孩子六歲前，我家的玩具區分成「孩子私人的」與「爸媽公用的」兩大類：

①孩子私人的玩具：孩子在特定節日時（如生日）收到的玩具。這類玩具會貼上主人的姓名貼紙，放在專屬的藏寶箱（兩人都有一個藏寶箱，存放所有的個人玩具），主人擁有完全的決定權，可以自己決定何時要分享？何時要取回？如果不小心被手足拿走了，爸媽也會協助拿回來。

設定私人玩具可以滿足孩子對於玩具的掌控欲，既不會被勉強要分享，也不會因為借出去就拿不回來，有這安全感做基礎，孩子才能安心享受與人「分享」或「交換玩」的樂趣。

②爸媽公用的玩具：是爸媽統一添購的玩具，通常是可以共同遊玩、沒有年齡限制，例如積木、磁力片、拼圖、扮家家酒玩具。使用規則是先拿到的先玩，另一個人如果也想玩，就得等待前一個人玩完。

設定公用玩具是為了幫孩子建立「所有權」的概念，孩子可以從中學習區分「我

▲ 幫助孩子建立「所有權」的概念，公用玩具是最好的方法。

的」、「別人的」、「公用的」三種概念。與手足一起玩公用玩具，可以練習輪流、等待的能力，增進孩子進入群體生活的準備度。因為在公園、親子館或幼兒園，玩具都是公用的，如果孩子習慣擁有所有玩具，與其他小朋友一起玩時，要做到輪流跟等待就會特別困難。

在我們家，會盡可能拉高「公用玩具」的比率，降低「私有玩具」的比率，除了生日禮物等有特殊意義外，大人平時添購的玩具都算是公用的。公用玩具占多數時，才能確保每個孩子能玩到更多玩具。也因為公用玩具是爸媽的，所以如果兩個孩子經常為了某玩具而爭吵，爸媽就可以考慮暫時收起這個玩具，直到孩子能做到和平地輪流玩，這有助於減少手足紛爭。

從幼兒的認知發展來說，教導他們學習「輪流玩公用玩具」會比「分享私人玩具」要容易，原因是「分享」比較抽象，而「輪流」比較具體、清楚、易懂。

爸媽可用數數字的概念來教導孩子輪流玩，先設定一個具體的時間或是次數「數到三十就要換人囉！」或是「盪十次鞦韆就要換人囉！」等時間或次數到了，提醒孩子「得換別人玩囉！如果還想玩那就去排隊。」

訓練「輪流」玩時，建議使用公用玩具，因為如果用私人玩具來練習，孩子一定會覺得奇怪——明明是我心愛的小布偶，為什麼得跟別人輪流呢？一點都不合理。

為何大寶不願把舊玩具送給弟妹？

很多爸媽常疑惑，大寶年紀較大，擁有的私人玩具自然比較多，好些舊玩具明顯已經不符合年紀了，難道不能要求大寶分享或送給二寶嗎？

即使是大寶已經多年不玩的舊玩具，對他來說仍可能有特殊意義，不見得願意讓給弟妹。而且以尊重孩子所有權的概念來說，爸媽也不適合強求他把私人玩具交出來，這會引發孩子的抗議。

如果買新玩具給大寶來交換舊玩具呢？雖然大寶會很開心地答應，但這也不是合適的做法，等到二寶再大一點就會抱怨，因為他沒有機會「以舊換新」。

為什麼大寶無法與二寶分享已經不玩的舊玩具呢？前面說到，六歲以下的孩子不容易同理他人感受，「分享」通常是基於「交換」，所以幼兒很難做到無私的分享，而是期待分享時自己也要獲得。

我觀察家中兩個孩子時發現，妹妹多半非常想要玩哥哥的玩具，但哥哥卻對妹妹的玩具興趣缺缺，這樣就很難達成分享（或者說交換玩）的目標。要讓哥哥提高分享（交換）的意願，就要讓妹妹手上也有哥哥想玩的玩具才行。

後來，我想到一個解決方法，在妹妹兩歲生日時送她一台小汽車玩具，這並不是妹妹這年紀會感興趣的玩具，卻是哥哥眼中的珍寶，接下來的幾個月，妹妹以這台小汽車為籌碼，交換了很多哥哥的舊玩具來玩，兩人也在過程中建立很多愉快的互動經驗。等到哥哥對小汽車失去興趣時，他也習慣把舊玩具借給妹妹了。

看見別人的需求，感受分享的美好

「分享」需要孩子生理與心理的成熟度，無法一蹴可幾，但透過引導與訓練，可以加快能力的提升。只是一定要小心引導的方式，否則最後的結果很可能不是「分享」，而是「迎合爸媽的表演」。這兩者最大差別在於動機，孩子是喜歡與人分享時的感受？還是為了避免責罰或贏得獎勵呢？

有些爸媽會在孩子拒絕分享時責備：「這麼小氣？這又不是你一個人的！」一邊拿走玩具。久而久之，孩子學會了——如果不把玩具給弟妹，就等著挨罵處罰。雖然表面上會分享，卻未必是真心想分享，甚至是懷著憎惡、憤怒的心情，這與爸媽想要培養美德的原意差距甚遠。

那當孩子分享時就讚美或獎勵說：「妳好棒，真是懂事的姐姐」或「如果你跟妹妹分享玩具，爸爸就帶你去吃冰。」這樣好嗎？雖然讚美比責備要稍微好一點，但還是有潛在問題——孩子可能是為了「討好父母」、「渴望獲得獎品」才與人分享。

無論責備或讚美，都是一種外在控制，希望透過孩子趨利避害的本性來促使他「分享」。但只要孩子無法體會到分享的美好，一旦外在的處罰跟獎勵消失，就不會想分享了，這只能算是孩子學會了「迎合父母的表演」，而不能稱為「分享」。

培養孩子的體貼心

那父母該怎麼辦呢？前面提到，想要孩子喜歡分享，得從只關注自己有沒有好處，提升到能關心他人的需求與感受。擁有一顆「體貼他人的心」，是所有分享行為背後最重要的核心能力。

父母可以這樣做，來訓練孩子這方面的能力：

①當有需求的爸媽

父母的天性，就是把孩子的快樂看得比自己的快樂還重要，我們會在不知不覺中把最好的保留給孩子，最不好的留給自己（還樂此不疲）。因此孩子碗裡總是有最大塊無刺魚肉、最甜的水果；父母碗裡的就是碎魚肉、果核、果皮。長期被父母呵護寵愛的孩子，對別人的需求會變得遲鈍，也缺乏機會去學習看見別人的需要。

因此父母不要總是單向滿足孩子的需求、維持無欲無求的完美形象，要**在孩子面前做一個真實有需求的父母**，讓孩子也有為父母付出與服務的機會，進而感受到助人、分享的快樂。例如我家就有個針對「吃」的家規——不管吃什麼，都要留一份給當時不在家的人，當切好的水果端上桌，孩子不是急著吃，而是要幫忙拿碗來分裝留給家人的那一份；吃飯時，必須等到全部人都坐下來才能開動。

以上雖然都是很小的生活習慣，但目的是讓孩子能學習留意到大人跟自己一樣，也是有需求、需要幫助的，我希望讓孩子知道：

「雖然爸媽不介意把最甜的水果留給妳，但不代表我比較喜歡果皮。」

「爸媽很享受陪你一起溜滑梯，但如果你也願意陪著爸爸一起到書店挑書，我會很開心。」

「爸媽很樂意準備晚餐給你吃，但我也覺得煮飯是件很辛苦的事，如果有你幫忙就太好了。」

②讓孩子多表現對手足的善意

除了父母的需求，也可以引導孩子多去觀察手足的需求，並且表達善意。

哥哥剛上幼兒園時，每天下午我跟妹妹吃點心時都習慣性互相詢問：「妳覺得哥哥會喜歡嗎？要不要也幫哥哥留一份？」

▲給孩子體諒、服務的機會，才會懂得分享的樂趣。

哥哥收到十多次我們為他保留的小點心後，某天我帶著妹妹去接他放學，他從口袋裡拿出一塊巧克力開心地說：「我今天忍耐好久都沒有吃掉，想說三個人一起享用，一定比我自己吃更開心！」

透過上述這些生活小舉動，**讓孩子體會到別人的需要，也讓他有機會體諒或是服務他人，再真誠地感謝他，就是幫助孩子學習體貼的最佳方式。**

擁有一顆體貼他人的心，「分享」才會有意義與樂趣，不只是避開懲罰、獲得獎勵的工具。透過這個過程，我希望孩子能夠體會到——愛並不像蛋糕，不會愈分愈少；愛比較像是歡笑，把愛與更多人分享，大家創造與獲得的愛也就更多！

衝突

又不是我，是他先開始的！

——爭吵、動手是雙寶家的日常。

父母介入前請先停、看、聽，

參考專家的經驗，培養孩子的協調能力！

雙寶狀況劇：衝突

兄妹兩個人吵成一團，妹妹哭得一把鼻涕、一把眼淚，
跑來告狀了……

哥哥剛剛打我！

是妹妹把我的節目轉走！

她每次都不讓我看！

爸媽常這樣說

「誰先開始的？先動手就是不對！」

「要吵那就都不要看！」

試試這樣說

「你們先試著自己解決這個問題。」

「如果你真的不知道怎麼辦，可以過來跟我討論，我願意跟你一起想辦法。」

孩子想說的是……

「有時候我也不知道自己為何這麼生氣，我真的不是故意的！」

孩子需要的是……

「請幫助我更瞭解自己的感受，教我如何解決衝突，而不是直接幫忙解決。」

用「發言權杖」學會尊重表達

在我家，孩子每天有半小時的3C時間，可以自己決定要看什麼、何時開始、一次看完還是分段看。只要在看之前知會大人即可。但實際執行時，孩子最常遇到的難題便是——兩個人想看的影片不一樣時，如何達成共識，找到雙方都能接受的結果。

通常兄妹倆討論時我都在場，我觀察到對孩子來說最困難的一點，就是雙方都急著發表意見，沒有辦法去聽對方說的話。相互打斷對方發言的結果，就是討論無法聚焦、情緒愈來愈亢奮，最後就吵成一團。

為了解決這問題，我設了個「發言權杖」。規則很簡單，就是找個棒狀物品當權杖（例如筷子或原子筆），討論的時候只有拿著權杖的人可以說話，若是想要回應反駁，必須等發言者講完，舉手拿回權杖後才能說話。

這天，八歲的哥哥和六歲的妹妹又因為想看的電視節目而爭吵，我便引導他們使用發言權杖來處理表達。

哥哥　我希望可以看《耀西的手工世界》。
妹妹　我不要。
哥哥　那我們來看瑪利歐？
妹妹　我不要。
哥哥　妹妹，妳不能只是說不要。要說「要什麼」，也跟我說妳的理由。
妹妹　因為……
耀西會跳……踩到頭，很可憐。（非常凌亂地敘述）
哥哥　哪會？
耀西裡面的角色不會可憐啊！（打斷妹妹發言）
妹妹　我想看哆啦A夢。
沒有人可憐！（不等哥哥把話說完）
哥哥　哆啦A夢裡的大雄也可憐。
妹妹　反正，我就是要看哆啦A夢！（對哥哥大吼）
哥哥　妳不可以這麼任性！
不是大聲就會贏！（也對妹妹大吼）
爸爸　（眼看著又快吵起來了，我趕緊表達意見。）

先放手讓孩子自己解決問題

你們得有結論，才有辦法看影片。
要不要試試「發言權杖」？
這樣討論比較有效。（隨手拿起桌上一根筷子交給妹妹）

妹妹　我不喜歡耀西……
他踩人家的頭，還把人家變成蛋……
我覺得被他變成蛋的怪物很可憐。（哥哥舉手，妹妹把筷子交給哥哥。）

哥哥　我可以不看《耀西的手工世界》，但我也不想看哆啦A夢。
大雄每次都去拜託哆啦A夢，拿道具欺負胖虎、小夫，後來自己嘗到苦頭。
我覺得不好看。（妹妹舉手，哥哥把筷子交給妹妹。）

妹妹　我可以不要看哆啦A夢，可是我也不想看《瑪利歐實況》。（哥哥舉手，妹妹把筷子交給哥哥。）

哥哥　妳要說為什麼。
讓我知道理由！（眼神堅定，把筷子交給妹妹。）

妹妹　因為我看不懂字幕，不知道他們在做什麼。
如果要看瑪利歐，你願意講給我聽嗎？（哥哥舉手，妹妹把筷子交給哥哥。）

哥哥　我當然可以幫忙。

那我們就看瑪利歐囉。（兩兄妹達成共識，把筷子還給我，便開心看影片去了。）

▲ 握有權杖的人才可以說話。

關於「發言權杖」

1 簡單易懂，輪到誰說話非常清楚，很適合剛練習溝通與表達的幼童。

2 拿到權杖的人可以完整表達自己的觀點，不會被中途打斷。這對年紀較小的弟弟、妹妹來說很重要，因為他們的反應通常比較慢，在爭執時常居於下風，長期溝通失敗就會用鬧脾氣、耍賴來達成需求。

3 手中沒有權杖就不能說話，可以讓孩子學著去聽懂對方的話，不是想著如何反駁、打斷對方。

手足衝突的正向功能

處理孩子的爭執與衝突，對父母來說絕對是件頭疼事，甚至有父母聽多別人家手足相殘的慘事，嚇得不敢再生二寶。換個角度來想，孩子間的衝突雖然讓人抓狂，但也有正面功能——讓孩子從手足互動中練習與人相處，對社交技能的養成非常有幫助。

雖然同學、朋友也可以陪孩子練習，但手足關係有個同儕關係無法比擬的優勢——家人的關係是長期穩定的，雙方不能在發生衝突後就徹底切斷關係。無論跟手足吵得再凶，晚上都得同桌吃飯，甚至在同個房間睡覺。無論是自願還是不情不願，孩子都必須走過衝突、冷靜、協商、修復關係的完整過程，從中可以獲得很多人際相處的寶貴經驗，例如：

- 怎樣清楚表達自己的不滿？
- 拿捏吵架時什麼可以做？什麼不能做？
- 如何協調彼此的需要？吵完之後如何和好？

對父母來說，與其絞盡腦汁思考如何避免孩子吵架，不如思考教導孩子如何在爭執中協商、討論、溝通，從手足衝突中獲得更多的體會與學習。

把協調的責任還給孩子

手足間發生衝突時，通常會有一方跑來告狀，然後父母就扮演起法官的角色。多數父母會去同情體型、表達都較為弱勢的二寶，但這樣反而會導致以下問題：

①**二寶**：發現只要惹哥哥、姐姐動手打人或是罵人，爸媽會跳進來保護我，享受大人跟自己同一國的美好。因此，父母若經常介入孩子的紛爭，二寶就沒有機會學習自己表達需求、爭取權益或避免招惹麻煩的能力。

②**大寶**：因為常被父母責罰，可能因此對弟妹心懷憤恨，尋找扳回一城的機會，埋下未來手足嚴重衝突的種子。

孩子吵架時，父母要先耐住焦慮情緒，避免立刻做出裁決。除非孩子已經有肢體、口語的攻擊行為或是有物品損壞，否則先不急著介入制止，讓孩子們用自己的方式解決爭執。若孩子來告狀，父母可以說：「你們先自己想辦法解決。如果真的不知道怎麼說或是怎麼做，我很願意一起想想。」**父母愈少扮演仲裁角色，孩子就有愈多機會學習如何處理衝突。**

▲ 父母不要急著當法官，讓孩子自己去學習處理。

介入與不介入的分寸

要父母不介入孩子的衝突，真的很難。一來父母的情緒得夠穩定，才能在孩子爭吵的時候冷靜觀察而不是動怒發飆。另外，孩子若沒有經過良好的溝通與表達訓練，爭執起來可能會使用原始的攻擊本能，直接大打出手，此時父母也很難袖手旁觀，放著孩子彼此傷害。

父母要如何拿捏介入與不介入的界線呢？首先，要設定出衝突的底線，只要超過這底線，父母就需要介入來隔開彼此。

在我們家，吵架時有三件事不能做，分別是：

①**動手傷害人**。

②**用難聽的話罵人**。

③**破壞物品**。

在這個底線之前，孩子可以自己協調解決問題，但若是有人違規又屢勸不聽，我就會隔開兩人，讓雙方先各自到一旁冷靜一下。等待情緒比較穩定後，再找機會與兩個孩子個別談談，如何透過更有效的溝通方式解決雙方歧見。

先搞定情緒再處理事情

孩子中有一方主動跑來告狀或是哭訴，可以使用下面四個步驟協助他穩定情緒。

●步驟①安撫並等待適合對話的時機

阿德勒正向管教強調「先連結情感，再處理行為」。父母介入孩子間的衝突時，有個很重要的基本原則——只要孩子情緒是滿的，大腦就很難裝進新東西。當孩子剛跟手足發生衝突，尋求父母協助時，通常都處在嚎啕大哭、忿忿不平的負面情緒中，無論父母想要教孩子什麼，都很難有效果，甚至會讓他更難受。

所以父母應該先安撫孩子的情緒，可以溫和地說：「哭哭沒有關係，我會等你哭完。」若孩子願意讓你碰觸，也可以抱抱他或牽他的手，等待情緒緩和了再進行對話。

●步驟②鼓勵孩子用語言表達感覺與需求

當孩子停止哭鬧，能夠眼睛看著父母、回應父母跟他的對話，就是可以「聊」的時機。此時可多鼓勵孩子用言語來表達事情經過，以及他的需求與感受，例如：

「剛才發生什麼事？」

「你希望哥哥怎麼做？」

「聽到哥哥這麼說，心裡覺得怎麼樣？」

若二寶的語言能力尚不成熟，只能用單字表達時，父母可以幫忙整理他的意思，例如：「你的意思是哥哥拿你的玩具讓你很生氣，想要拿回來是嗎？」

如果二寶同意父母的猜測，可以請他複誦一遍，用完整的句子表達自己狀況，例如：「你能跟著媽媽說一遍嗎——我很生氣你拿走我的玩具，請你還給我！」

只要孩子願意用語言表達，無論能否說得清楚，都要肯定他們：「原來如此，你這樣說媽媽就比較瞭解了。」孩子的口語表達能力提升，就不會總是用哭鬧或是失控行為來表達負向情緒。

●步驟③協助孩子覺察與辨別自己的情緒

父母可以把注意力放在瞭解孩子的感受，用推測的口吻確認，例如：

「我猜哥哥不願意跟妳玩，讓妳覺得很難過。」

「我猜妹妹弄壞你的玩具，讓你真的很生氣。」

常做以上的情感反饋有兩個好處：

①讓孩子覺察、辨識自己的情緒，有助於孩子瞭解自己，提升溝通與表達的能力。

②孩子感覺到父母瞭解自己的心情，情緒就會穩定下來，比較能聽進大人的建議。

●步驟④跟孩子一起找到解決辦法

等孩子情緒平靜後，父母可以跟孩子一起討論解決衝突的辦法，例如：

「你不喜歡妹妹拿你的玩具，怕她弄壞，你覺得怎麼做才能保護自己的玩具呢？」

「妳不喜歡哥哥追妳，我們可以怎麼說讓他停下來？」

也可以跟孩子討論情緒的安頓，例如：

「你真的很生氣，現在要怎麼做，可以讓自己心情好點？」

「很煩的時候該怎麼幫忙自己？」

如果孩子還沒有找出解決方法的能力，就由父母提供選項，例如：

「你當然可以對妹妹生氣，現在要讓媽媽秀秀？還是回房間安靜一下？」

「你希望繼續跟弟弟玩，還是回房間自己玩？我會不讓弟弟去吵你。」

「想哭哭沒關係，妳要爸爸拍拍或抱抱嗎？」

手足間的互動是動態的，隨時都會有變化，而且孩子多半缺乏隨機應變的能力，父母不要期待給他們一個建議，就能解決所有問題，可能需要來回多次調整，才能成功。

比較

我就是沒辦法像哥哥那麼好！

——孩子愈長大，需要面對的比較也愈多，
該如何幫助雙寶在競爭中保持自信心呢？

雙寶狀況劇：比較

兄弟兩人剛考完月考，成績差很多，
哥哥的數學考 100 分，弟弟的數學考了 49 分……

我是粗心算錯了。

我就是比哥哥笨嘛！

算了啦，我每次都算錯。

爸媽常這樣說

「哥哥的功課這麼好，為什麼你不行？」

「你要多學學哥哥。」

試試這樣說

「你跟哥哥都很好，只是好的地方不一樣。」

「每個人都很特別，我想幫你看見自己好的地方。」

孩子想說的是……

「我很難過，因為我不知道自己好在哪裡。」

「被拿來比較讓我感覺壓力很大，不會讓我表現得更好。」

孩子需要的是……

「請幫我找到一個真心喜歡自己的理由。」

「請多引導我跟自己比較，而不是一直跟別人比。」

分辨優點、缺點？還是「特點」？

我家哥哥個性相當不怕生，出門遇到長輩，總能熱情地打招呼，也很喜歡聊天，因此非常受到附近長輩的喜愛；相較之下，妹妹就顯得比較慢熟，常需要久一點的時間才會有回應，長輩總會拿她與哥哥比較。

某次，我帶八歲的哥哥跟六歲的妹妹在公園玩，一個認識的老奶奶又開始比較兩個孩子。我雖然制止了對方，但妹妹仍然覺得不開心，回家的路上反覆地抱怨。當下我只能先安撫她的情緒，不過也在心裡盤算，該怎麼跟兩個孩子談談「特質差異」這件事。

提問引導孩子思考

哥哥　你們覺得，大象的大大身體，要算是特點、優點，還是缺點？

哥哥　特點是什麼？

爸爸　就是跟別人不一樣。

　　　但是很難說是「好」還是「不好」。

哥哥　我覺得是缺點。因為當獵人要狩獵的時候，牠很容易被射中。

妹妹　我覺得是優點。因為象媽媽要很大，才可以保護寶寶不要被

爸爸　獅子吃掉。也就是說遇到獵人時，如果需要躲起來，大的身體很不方便，算是一種缺點。

但是如果遇到獅子或是其他動物，大身體可以保護家人，算是優點。

大象的特點就是大，沒有好或是不好，但用在不同的地方就有好壞之分。

爸爸　我再問你們，有一個爸爸很小氣，什麼東西都不肯買，這樣是優點還是缺點？（看兩個孩子一臉思考的模樣，我再接再厲。）

妹妹　缺點，因為小氣的爸爸，會很常生氣，他不喜歡小朋友亂買東西。

哥哥　算是缺點，因為大家會不喜歡跟他在一起。

爸爸　如果這個爸爸小氣，是為了存錢給小孩治病呢？

他得盡可能省錢，才能帶小孩看醫生。

這樣算是優點還是缺點？

兄妹　是優點！（兩個孩子異口同聲）

爸爸　如果一個爸爸很小氣，從朋友的角度，可能會不想跟他待在

傾聽、整理孩子的想法　｜　深入提問　｜　傾聽、整理孩子的想法

一起。

但從他家人的角度，可能會覺得他很辛苦、很偉大。

所以要看是誰來給他打分數。

爸爸　最後一個問題，如果有個男生，行為很像女生。

這是特點、優點還是缺點？（看兩個孩子繼續思考，我再加碼舉例。）

哥哥　我覺得是特點。

因為我就是這樣，有人說我像女生。

我也覺得自己比較像媽媽，但我就是這樣。

爸爸　我也常被說像女生，這是缺點還是優點，要看是從哪一方面來看。

爸爸選擇留在家裡當家庭主夫，把心力用在照顧小孩，對我們家來說這是優點；但是對我的老闆來說，一直在家帶小孩，遲遲不肯回去上班，絕對是個大缺點。

妹妹　也就是說，每個人都有特點，但很難說是缺點還是優點。

爸爸　沒錯！但還是有個很基本的分別。

如果你的特點可以讓自己、別人都更快樂，那就是優點。例如：哥哥很會說話，同學聽你說故事的時候都會哈哈大笑，你也開心，表達能力就是你的優點。

但如果你是用來講別人壞話，造成別人的痛苦，或是只為自己開心，那就會被稱為缺點。

哥哥　所以爸爸的意思是說，每個人都有不同的特點，不需要比較。我們都要學習把特點用在好的地方，努力把特點變成優點。

爸爸　你說得沒錯！

總結討論，幫助孩子看待差異時更有彈性

「不比較」真的好難

很多父母會拿某個孩子的好表現來刺激另一個孩子，鼓勵他見賢思齊。例如：

「妹妹都吃完了，你這樣會輸給妹妹喔。」

「哥哥都快穿好衣服了，妳怎麼還不快點。」

「妹妹作業已經寫一半了，你也要多加油。」

拿孩子的表現互相比較，表面上可以獲得不錯的結果，孩子可能因為壓力加快速度、拿出好表現，卻也會刺傷孩子的自尊心，破壞了手足關係，種下未來衝突的種子。

幼兒期的孩子，父母比較容易做到「避免比較」，因為能比的項目不多，頂多就是比吃飯、睡覺、常規、禮貌，父母也無須太憂慮孩子的行為表現。但隨著孩子進入小學，愈來愈多的新挑戰冒出來，例如作業、成績、才藝、人際關係等，更令人壓力沉重的是伴隨上述挑戰出現的分數跟名次。當孩子已經遲交三天作業或拿一張不及格的考卷回來，當父母的還要忍住不發火、繼續對孩子保持信任，真的非常困難。

這時若剛好有個表現比較好的孩子就會被當成範本，希望激勵另一個孩子表現好一點。這也是為什麼很多父母明明知道不該拿孩子來比較，最後卻很難做到的原因。

見賢思齊太辛苦，不如把對方拉下來

很多父母疑惑：難道不能夠鼓勵孩子互相比較、良性競爭嗎？詹志禹教授[8]在其文章中提到，要孩子做到見賢思齊，至少要有以下三個條件：

①比較的標準被接納：例如雙方都熱衷於打籃球，就比較容易在籃球上良性競爭。
②輸的人認同贏的人。
③輸的人既謙虛又有自信。

但要同時滿足這三個條件簡直難如登天，以「成績」為例，每個孩子看重成績的程度不同，學習能力也有高低之分，拿成績比較，對學習能力較弱的孩子來說並不公平，也較難維持自信心。

⑧《親子天下》雜誌45期〈拿手足互相比較的代價〉，詹志禹著。

詹志禹教授也提到：「孩子在比輸之後，為了維護自尊，爭回面子，最常用的策略並不是見賢思齊，而是告狀。因為見賢思齊代表承認自己不如別人，而告狀則是否認別人比自己好，所以，前者會威脅自尊，而後者可以保護自尊。」

與其面對自己的不足、辛苦去向手足學習，還不如直接告狀，讓父母看到手足更多的缺點，會是更簡單的自我保護方法，更是人性的表現。所以父母原本希望用比較讓孩子相互提升，卻可能造成反效果——成天告狀、手足反目。

幫孩子找到喜歡自己的理由

即使父母避免拿孩子互相比較，但根據阿德勒學派的觀點，孩子自己也會競爭家中地位，主動跟手足比較；因為想知道自己夠不夠好、有沒有受父母重視，是每個孩子最核心、最基本的需求。就算在家可以避開競爭，到學校或其他地方也會有來自老師、同學的評價。

阿德勒學派學者德瑞克斯（Rudolf Dreikurs）說：「我們無法保護孩子一輩子，讓他們能免於人生任務的挑戰，因此，如何幫助他們做好預備就很重要！」**要幫助孩子在無所不在的競爭中站穩腳步，父母需要幫助孩子看見自己的獨特性、跟自己比較，而非去追逐外界的評價與分數。**

以我個人的成長經驗為例，我的哥哥從小到大表現都很優秀，無論功課、體能、才藝、社交各方面都遙遙領先。在如此優秀的哥哥身邊長大，照理說我應該十分自卑，但我卻沒有這種負面情緒，兄弟間反而擁有非常親近、良好的關係……這是為什麼呢？

應該要歸功於我媽媽的努力，她鼓勵我哥往追求卓越的路上邁進，也小心地不拿哥哥跟我比較，鼓勵我找尋自己的亮點與長處。雖然我小時候的學業表現十分令人憂心，但她並沒有太多指責，反而花很多心力引導我精進「表演」、「說話」的能力，也刻意讓我有上台表演的機會。當我找到自己的獨特性，累積自信，有了喜歡自己的理由，就不會介意又輸給了哥哥或是在班上落後了誰。

缺點背後其實隱藏了優勢能力

當我成為父親之後，也常提醒自己要多去看兩個孩子的獨特性，幫助他們找到喜歡自己的理由。但真要實踐起來，很有難度。因為父母也很容易受主流文化的影響，怎樣才是「好孩子」？可能有非常狹隘的定義，然後就不自覺地多肯定較符合期待的孩子、多責備沒有達到期待的孩子。

要鼓勵一個成績好、跑得快的孩子很容易；要看見一個功課差、坐不住、不專心孩子的亮點很困難。不只我會遇到這個困難，許多來找我諮詢的爸媽也都感到棘手。

我常用左頁表格來幫助自己跟家長，試著看見孩子「問題行為」、「缺點」的背後，其實隱含著某個「優勢能力」，不用透過處罰、矯正與摘除，而是用引導與討論來幫助孩子學習善用、駕馭自己的特質。

從阿德勒學派的思維來看，「特質」沒有所謂的對錯，要看如何運用——能被活用在幫助自己，也貢獻他人時就是優點；只能傷害他人、追求自身利益時，就是缺點。

在孩子還沒有足夠能力與經驗去駕馭特質前，比較容易用缺點的形式來呈現。例如堅持要自己穿鞋、要抱著某個布偶才願意上床睡覺、吃飯時要用某個碗，這樣的固執讓很多父母抓狂。但在「固執」背後，代表孩子有著「堅持到底」的性格，若父母願意引導孩子增加一些彈性、分辨「需要堅持」與「不需要堅持」的思考能力，長大之後，固執就會變成「意志堅強」、「持之以恆」的優點。

一個力氣很大、體能強健的孩子，如果學會拿捏力道並且用在對的場合，例如發揮在競技比賽上，我們會稱他「健壯」；反之如果沒有學會把力氣用在對的地方，就可能變成「暴力」。

一個總是亂開玩笑、因而惹人生氣的孩子，背後可能有「幽默」的性格潛力，隨著他累積更多搞笑的正負向經驗，而且學會了更多技巧，可以讓他從只有自己覺得好笑，發展到大家都覺得他很好笑。當這項特質更為成熟之後，我們會說這個孩子擁有「幽默風趣」的優點。

問題行為背後的優劣對照

特質		未成熟	成熟
堅持		頑固	意志堅強、信念堅定
學習重點	• 培養彈性、擇善固執 • 區分堅持跟無需堅持		
體能強健		粗暴	健壯
學習重點	• 拿捏力道		
精力充沛		吵鬧	開朗、活潑、有朝氣
學習重點	• 區分場合跟對象		
幽默感		不正經、開傷人的玩笑	幽默風趣
學習重點	• 從只考慮自己開心，練習讓自己跟別人都能開心		
風險評估		膽小	慎重、謹慎
學習重點	• 擁有冒險、嘗試的勇氣		

找縫鑽

可是，爸爸說的不是這樣！

——教養本來就不容易，若孩子來拿另一半當藉口，

連夫妻關係都被影響！

當教養不同調時又該怎麼辦？

雙寶狀況劇：找縫鑽

才剛沒收孩子的手機，

轉身就看到老公拿著平板找兒子一起看直播影片……

是爸爸叫我來看的！

爸爸說 3C 是好工具，為何不能看？

爸爸已經說了可以！

爸媽常這樣說

「爸爸就只知道寵你，什麼都順著你！」

「我說不行就是不行，你找爸爸來說啊！」

試試這樣說

「我和爸爸都愛你，但我們的做法不一定一樣。」

「你真幸福，這麼多人用不一樣的方式愛你。」

孩子想說的是……

「看到爸媽為了我的事情吵架，真的讓我很痛苦！」

「讓我困擾的不是妳跟爸爸不一樣，而是媽媽的規定也常變來變去！」

孩子需要的是……

「我希望家裡的氣氛是和平愉快的。」

「請幫我培養面對各種不同情境的彈性與能力。」

愛有「不同」的表現方式

兩個孩子上幼兒園前，每個月有七天，我跟太太會拜託爺爺、奶奶或是外公、外婆幫忙照顧。兩兄妹每每回到爺奶家都彷彿置身天堂，因為3C產品可以無限看，零食也可以任意吃，跟他們在台北的家裡時得受限於各種規定，差距極大！

也因為我們夫妻跟長輩的教養方式差距極大，孩子難免會對此抱怨、抗議。我跟六歲的哥哥有過以下這段對話：

哥哥　我今天很想要吃洋芋片當點心。

爸爸　我不會買洋芋片給你。

那不是適合孩子的零食，甚至對大人而言，可能都不合適。

（搖搖頭）

設限

哥哥　可是阿嬤都會買給我當點心。

她是你媽媽，你應該聽媽媽的話。

爸爸　我愛我媽媽，但我不會每一件事情的決定都跟我的媽媽一樣。

瞭解孩子的困惑

哥哥　阿嬤說吃洋芋片沒有關係。可是你卻說不可以，到底誰說的才對？

爸爸　阿嬤愛你，爸爸也愛你。阿嬤愛你的方式是讓你開心。而我愛你的方式，是優先照顧你的健康跟教你規矩。你很幸福，身邊有這麼多人用不一樣的方式愛你。

哥哥　可是我比較喜歡阿嬤的方式。你可以用那種方式來愛我嗎？

爸爸　你可以不喜歡爸爸愛你的方式，但你不能指定別人要用什麼方式來愛你。每一個愛你的人都有他做得到的跟做不到的。你去台中的時候，我會讓阿公跟阿嬤用他們的方式愛你；但你現在在台北，我希望你能夠習慣爸爸媽媽因為愛你所設的規則。

讓孩子瞭解 愛有不同的表現方式

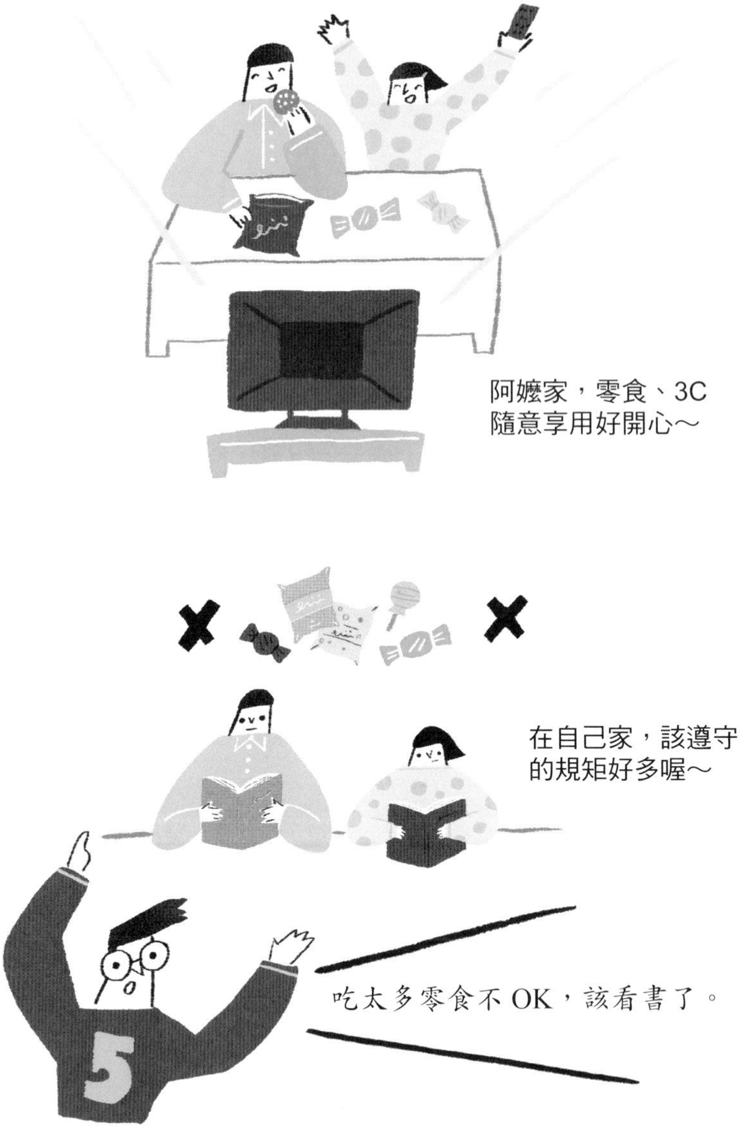
阿嬤家，零食、3C
隨意享用好開心～
在自己家，該遵守
的規矩好多喔～
吃太多零食不 OK，該看書了。

▲ 讓孩子知道大人的不同調，其實都是為了「愛」他們。

為了教養，賠上夫妻關係？

對多數父母來說，教養的最大挑戰就是「豬隊友」，例如：說好別讓孩子看手機，一轉頭就看到另一半給孩子看平板，或是約定說好不給孩子吃糖，另一半卻老是買糖討好孩子，真的會讓人感嘆：「你沒看到我剛剛在幹嘛嗎？」若孩子還拿長輩或另一半的論點來頂嘴，更會讓當事的爸媽火冒三丈。

夫妻教養不同調的戰場幾乎無處不在，孩子哭了要不要抱、喝母乳還是喝奶粉、能不能吃巧克力……都可以是吵架的原因。去諮詢教養專家，大概會得到「夫妻兩人先取得教養上的共識，對孩子比較好」這類聽起來很簡單，但幾乎是廢話的建議。

在我當心理師的頭幾年，也常分享「父母雙方得先同調再來教養孩子」的觀點，但是隨著多年來跟許多在教養上遇到困境的家長相處，加上自己做了八年的家庭主夫後，我開始不完全認同這個論調。

不同照顧者有相似的教育理念，以一致的方式教養孩子，對孩子益處很大——這樣的大前提並沒有錯。然而現況和理想卻有很大的落差，多數的夫妻無論再怎麼努力、用心，都極難做到，因此教養同調是一個美好，但是難度與代價都極高的理想狀態。

若夫妻雙方都堅信「教養要盡量同調」，那要以誰的做法當基準？例如父親想給孩子立規矩，但媽媽覺得孩子還小，不用太多規範，關愛跟陪伴才是最重要的，此時要用爸爸的「嚴格」還是媽媽的「寬鬆」來作為管教標準呢？

此時，夫妻倆很容易掉進「把孩子當戰場」的陷阱，為了證明自己才是「對」的，爭鬥不休，冷嘲熱諷、扯後腿。例如強調要嚴格的父親，看見孩子在人群中的表現比較畏縮，可能就會對孩子說：「你就是被媽媽寵壞了，看到什麼都怕。」媽媽聽到隨即回應：「害怕也沒有不好，總好過像爸爸那樣，冷冰冰像個機器人！」

這種鬥爭可以從嬰兒時期要用「百歲醫生育兒」還是「親密育兒」開始，幼兒期管教要嚴還是要鬆，到學齡期要重視課業表現還是快樂學習，一直到孩子成年，婚禮該怎樣辦，都可以是夫妻間戰鬥的主題，為了要對方跟自己同調而廝殺得不亦樂乎。

我在旁觀案主跟另一半陷入這類爭鬥時，總是覺得很感慨。之所以選擇走入婚姻，是為了尋求人生道路上的幫手？還是找到讓人生更有挑戰的勁敵？教養的目的是為了幫助孩子成為更好的人？還是用孩子來證明自己才是正確的？

有一方獲勝，會不會代表整個家庭就輸了？說實在話，「該不該送孩子去學美語」這類決定，沒有重要到需賠上夫妻間寶貴的感情。在面對任何教養上的歧見時，一定要反覆地提醒自己：「跟另一半維持良好關係，是教養孩子最重要也是最優先的事！」

找到與對方的共同之處

當夫妻在教養方面發生衝突時，會不自覺放大兩人的差異，擔心若不即時處理，可能會危急孩子的發展與安危。

例如嚴苛的父親擔心媽媽把孩子慣成媽寶；不准孩子接觸3C的媽媽會覺得拿手機給孩子的另一半，是造成孩子近視、網路成癮的元凶。這種著急的心情會讓夫妻無法合作，只要看到對方沒有依照自己的方法教養，就會憤怒與不滿，更別提去溝通、討論。

夫妻間的溝通要順利，必須建立在雙方都能體認——雖然彼此有歧見，但共通點遠比差異要來得多。例如同樣愛這個家、在意孩子的安全與健康、希望孩子快樂、喜歡被關心與瞭解、近來承受許多壓力與痛苦、厭倦了衝突與爭執等。

當夫妻能把目光從差異點轉移到共通點上，就會從原本劍拔弩張的敵對者，變成同樣受苦、朝著同個目標前進的旅伴。這將大幅增進夫妻間同理對方的意願、相互合作的能力。

有了良好的關係做基礎，在教養孩子時就可以設定一些符合雙方價值觀的大方向，因為追求觀念與態度上的共識相對比較容易。例如「我希望孩子懂負責」、「我重視孩子的誠實」、「比起體罰打罵，我們更想要討論引導」，但在做法上可以為對方保留一點空間，尊重對方的教養方式，也就是雙方可以有不同的做法，不需要非得強求一致。

教養不同調也有好處

想想我們送孩子進入幼兒園時，幼兒園老師的教法會跟家中的教法一致嗎？無論父母再怎麼細心尋找跟自己教養理念相符的幼兒園，老師一次要照顧十多個幼兒的做法，一定不會跟只需照顧自己小孩的父母一致。這時，你會去要求老師配合嗎？

我太太在私立小學擔任一年級導師，還真的碰過有小部分的家長希望老師配合家中規矩，例如有家長跟我太太說：「我們家小公主很怕手會弄髒，要是不順她的意思，就不肯吃水果了！所以如果是柳丁，您得先幫她切成四片、去皮，剪掉梗、去籽，每一瓣再切成三小塊，裝在她最喜歡的碗裡、配上她最喜歡的叉子，這樣她才可能要吃柳丁。」

有多少老師會願意配合家長的這類要求呢？而手不能碰水果的小女孩，在學校又會過著怎樣的生活？大多數的父母都不會要求老師配合自家做法，而是期待孩子能夠順利適應學校的生活，因為能適應新環境與新規則，是孩子長大的重要過程。

阿德勒學派認為，父母最重要的責任之一，就是幫助孩子做好融入群體的準備。**真實的社會與環境規則從來都不是一致的，所謂成長，就是孩子逐漸適應了更多版本的規則，也學會在不同的環境中找到生存之道。**

所以，若換個角度思考夫妻間的「教養不同調」，也代表孩子有機會培養出面對各種情境的彈性與能力。

夫妻教養分工，合作帶好孩子

可不可以用「雙方合作」取代「整合一致」？

若要順利達成目標，夫妻間不能強求對方跟自己一致，而是要期許自己的教養方式盡量保持穩定。幼兒園老師的做法跟媽媽並不相同，但孩子很清楚，只要進入學校就要符合學校的規定；若是在家中就要遵守媽媽的要求。

夫妻雙方可以分工，劃分一天中各自主導教養的時段。例如在安排孩子的作息上，爸爸偏向於有更多彈性，母親偏向於要嚴格管控，那就讓爸爸負責週五晚上跟週六整天的教養工作，孩子只要看到這時的主要照顧者是爸爸，不用特別詢問，就知道今天的作息彈性會比較大。反之，看到主要照顧者是媽媽，就知道今天「發條要上緊一點」。如此一來，孩子就有機會同時學會適應「父親的彈性」與「母親的規律」。

若覺得每件事情都要協調取得共識太辛苦，在彼此信任的基礎下，做任務分工也是一種辦法，可以依據彼此的優勢能力、性格、對這件事的堅持程度、照顧時間等要素，把某個任務交由一方來負責，我跟太太把這做法戲稱為「分地盤」。

例如在我家，太太主責孩子的功課、課外活動、生活作息等；我主責孩子的飲食、假日活動安排、3C產品使用等任務，孩子如果想要晚點才寫功課會去問媽媽；如果對假日活動安排有意見，會直接來跟我討論。

以作息安排為例，因為是由太太主責，如果孩子想要向我爭取晚一點再睡覺的權利，我的回應會是：「這件事情由媽媽決定，你們可以跟媽媽討論！」如果是我對於太太的安排有意見，會私下說，但還是尊重她的最終決定。

透過上述的分工，我跟太太把家中的教養難題區分成「自己就可以決定」、「交由對方決定」、「還需要跟對方多討論」等三部分，這樣可以大幅增進效率，避免陷入冗長煩悶的溝通協調過程。

孩子有洞可鑽，可能不是豬隊友的錯

很多父母擔心，若照顧者的教養不同調，不是會讓孩子有漏洞可以鑽？在此要說明，孩子會在不同的教養方式上見縫插針，主要有以下兩個原因：

①**父母無法堅持自己的原則**：因為孩子撒嬌或生氣就退讓，當孩子發現父母的規定有機會可以翻盤，就會用各種方式來挑戰底線，例如引述爸爸的話來反駁媽媽。

②**父母互相批評對方的做法**：當夫妻的關係交惡，甚至相互批評、指責對方，有些孩子會覺得既然聽哪邊的話都不對，索性都不聽了；有些孩子則會投靠對自己比較有利

的一方，以獲得較多的利益。

不用擔心孩子會因為教養不同調，而變得不守規矩或是狡猾投機。只要把握兩大重要原則①自己的教養方式要一致、②照顧者之間維持良好的互動關係，就可以把教養不同調的負面影響降到最低；甚至讓孩子有機會從不同的教養者身上，認識到不同的價值觀與做法，進而獲得人際相處的彈性與智慧。

當孩子跟我抗議家中其他大人的做法不一樣時，我會讓他們知道，大人本來就會用不一樣的方式來照顧他們，沒有誰對誰錯，我們只是用不同的方式來愛他們罷了。

不聽話

為什麼都要聽大人的！

——長大的孩子開始會挑戰父母的規定。
此時可召開家庭會議討論爭執點，
讓孩子有自己做決定的機會。

雙寶狀況劇：不聽話

姐弟兩人都在看電視，媽媽在廚房裡面忙著煮晚餐。
垃圾車快來了，媽媽要姐姐去打包垃圾……

拜託啦！再多看五分鐘就好！

為什麼都叫我！

弟弟都不用做，很奇怪耶！

爸媽常這樣說

「現在誰才是大人？聽我的就對了！」

「你把抱怨的時間拿來做事情，早就做完了！」

試試這樣說

「我們可以在家庭會議中來討論這件事。」

「你覺得可以怎麼調整，讓事情變得不一樣？」

孩子想說的是……

「可以先聽我說完嗎？不要急著打斷我說話！」

「我也是這個家的一分子，想加入家裡規則的制訂！」

孩子需要的是……

「引導我成為一個能獨立思考的大人，而不只是一個聽話的孩子。」

「讓我有機會做決定，練習自己解決問題！」

用「親子對話」培養解決問題的能力

就讀小學三年級的哥哥，最近在寫作業上遇到大難題。不容易專心的他，常常到了上床睡覺前，都還沒有完成作業，他很受挫，我跟太太也對於要反覆催促他而煩躁。這天，我決定邀他一起思考，如何改善這個難題。

爸爸　這幾天你作業寫到好晚，爸爸很想知道你遇到什麼困難？或許我們可以想個好方法，更有效率地完成作業。

哥哥　我也不知道耶！有時我把三十分鐘的電視看完了，整個人就懶洋洋的，提不起勁來寫作業。

關心孩子面臨的難題

爸爸　那該怎麼辦呢？你有想到什麼好方法？

哥哥　明天或許可以先寫完作業，再來看電視？

爸爸　我覺得這是個好方法。

引導孩子思考、解決問題

我們明天來試試看。

爸爸　（隔天，我回到家已是晚上十點，發現他還在跟作業奮戰，我又邀請他來討論。）

你昨天的計畫執行得怎麼樣？（好奇發問）

哥哥　我有做到啊，到現在都還沒看電視呢！（很沮喪）

爸爸　那功課怎麼會寫到這時候呢？

哥哥　我在桌上發呆，時間就過去了。

一回家就要立刻寫作業真的好難。

我太小看上學一整天的疲累了。

爸爸　那我們可以怎麼辦呢？

你有沒有什麼好方法？

哥哥　（哥哥沉默了許久）

我想回到家還是要先放鬆一下。

把電視時間切成兩段，先看十五分鐘。

等寫完作業，再看十五分鐘當成獎勵！

爸爸　這個方法比前一個合理，我們明天可以試試看！（點點頭）

檢視執行效果，提出修正與討論

爸爸　（不出所料，隔天晚上兒子仍舊在跟作業奮戰，我摸摸他的頭表達關心。）

昨天的計畫還順利嗎？

哥哥　有些順利，有些不順利。

看了十五分鐘電視，但是後來又分心花太多時間玩桌上的玩具。（搖搖頭）

爸爸　那你有沒有什麼好方法？

哥哥　或許明天應該一坐上書桌，就先整理桌子，再開始寫作業！

爸爸　聽起來不錯，所以你決定明天先看十五分鐘電視、收好桌子，再開始寫作業嗎？那麼來試試看吧！

利用計畫→行動→失敗→修正的循環培養解決問題的能力

截至目前為止，我跟哥哥都沒有真正解決作業拖延的問題。因為每隔幾天就會有新難題，導致睡前仍無法完成作業。但是每一次的難題，都是學習與成長的機會，我們後續又討論了「如何設定合理的時間規劃」、「如何評估寫作業的時間」、「如何減少寫作業時的干擾」、「分心倦怠時如何鼓勵自己」……雖然改進速度很慢，但每一次「那我們可以怎麼辦？」的討論之後，哥哥都有小小的進步，提高解決問題的能力。

▲ 孩子無法完成父母的規定時，不要直覺他們在反抗，不妨用親子對話方式一關關解決。

孩子聽話，真的好嗎？

隨著孩子的年紀增長，他們的想法會愈來愈多，也想要有自己做決定的機會，對於父母的規範，若是他們難以認同的，會表達抗議甚至是拒絕配合。

孩子不願意服從，父母的心裡一定不好受；但反過來想，教養出一個聽話的孩子真的好嗎？我認為，**在資訊量大爆炸的網路時代，孩子最重要的是「獨立思考」的判斷力**。當各種「網紅」、「偶像」、「專家」都想灌輸價值觀給孩子的時候，他能否有足夠的判斷力，適時提出質疑而不是盲從遵守他人的要求，是在網路時代順利存活的關鍵能力。

二〇一四年，韓國的世越號客輪發生嚴重的船難，造成三百多人死亡，死者多數是高中生。令人難以理解的是，即使海水已經湧進船艙，這些高中生還是選擇留在原地等待，沒有起身逃生。事後才發現，事故發生當時，船長跟船員知道船即將沉沒卻反覆廣播要乘客留在原地，自己棄船而逃，成為第一批獲救者。

這則新聞給我很深的省思——當海水已經灌到兒子腳邊，船長卻廣播要他待在原地不動時，他是會依照直覺想辦法逃生？還是帶著恐懼不安乖乖留在原地？

我希望孩子在面對任何權威（包含我）的觀點與意見時，都能保持獨立思考，為自己做出最合適的判斷，而不是完全照單全收。因此我並不介意孩子反對我的意見，只要他的表達清楚，態度有禮，我會認真參考並接納他的想法。

鼓勵孩子多思考、為自己做決定

要訓練孩子獨立思考，父母必須捨棄用權威要孩子服從的習慣。總是聽指令做事的孩子，不需要自己思考跟做決定，久而久之變得依賴，需要旁人的叨念催促才肯行動。反過來說，如果父母願意傾聽孩子的想法，多鼓勵他為自己做決定，並且跟他討論可能的策略、可能的後果，孩子才能從中學到思考與判斷，並為自己的行為負責。

舉例來說，我家哥哥七歲時，上學常常遊走在遲到邊緣。哥哥一開始很介意老師「遲到要蓋遲到章」的規定，我們也常用這點來提醒他動作快點。

這招一直有用，直到有一天他真正遲到，聯絡簿也被蓋了章。回家時他跟我分享：「爸比，被蓋遲到章也沒什麼啊！只是簿子醜了點，為什麼我們要這麼害怕遲到？」

我回答：「我想這個遲到章不是要你害怕，而是提醒『你的行為給別人添了困擾』。想想看，如果有同學晚進教室，老師會有什麼困擾？」

哥哥想了想說：「已經宣布的事就得重新說吧！每個人進教室的時間不同，老師也不好安排活動。」

「沒錯！一個班級需要大家的合作，」我繼續說：「我覺得老師蓋這個章，是想請你幫助他，在時間內進教室，一起讓班級變得更好。」

透過上述的親子討論，可以讓本來很單薄的遲到章，有了更深厚的意義，增進孩子對旁人的理解與關懷。

遲到不會怎麼樣啊？
遲
可否想想你遲到對老師的影響……
好像真的很麻煩耶。
遲

▲ 日常生活的每件事都是一次與孩子共同討論的機會。

用家庭會議訓練孩子的思考與判斷力

阿德勒學派鼓勵父母透過「家庭會議」與孩子民主討論，進而培養思考能力。顧名思義，「家庭會議」就是在家舉行的會議，無論是家規制訂、家人紛爭、家務分工、家庭活動，都可以透過這個會議來討論。

把原本由父母單向規定的事，調整成邀請孩子一起討論與發想，孩子可以在過程中練習表達想法、傾聽他人的意見。遇到難題，也會用合作方式找出解決辦法，並參與家中規則的制訂與調整。

那麼，家庭會議要怎麼開呢？

●原則①定期開會

最合適的頻率是每週開一次家庭會議。因為很多家庭中的議題都有時效性，愈是能即時討論，效果愈好。盡可能固定時間，方便每位成員（特別是大人）把時間預留下來。在我們家，會議時間固定在週日晚餐後。

●原則②會議時間要設限

每次會議的時間十五到二十分鐘即可，因為年紀較小的孩子無法集中注意力太久；

年紀較大的孩子可能不願意花太多時間。如果有議題沒討論完，可以先寫下來，留待下次再討論。

●原則③輪流擔任各個職務

我家的家庭會議有四個職務，一家四口會輪流擔任，分別是：

主席：主持會議、引導發言。

會議記錄：將發言重點、決議記錄下來。

點心組長：準備並擺放開會時要享用的零食與飲料。

桌遊組長：決定會後要玩哪個桌遊。

如果孩子年紀還太小，擔任記錄工作時無法用文字記下會議過程，也可以用畫畫的方式記錄，或是操作手機來錄下會議過程，因此孩子都有機會輪到每個職務，也能夠勝任愉快。

▲職務的輪流，可以讓每個人學到不一樣的能力。

●流程①輪流感謝所有家人

從表達對家人的感謝開始，流輪分享過去一週家人的哪些行為幫助了自己，然後認真感謝。若孩子不習慣，可以教他使用例句「我要謝謝，因為……」這個儀式能讓後續討論氣氛更輕鬆，拉近彼此距離。

我發現當孩子收到家人的感謝時，雖然會不好意思，但心情都是高興的，特別是他沒有料想到會收到這個回饋時。

●流程②針對家中遇到的議題開放討論

由擔任主席的人開放提問：「這週有人想提出議題討論嗎？」接著進行議題的深入討論，沒有議題的時候就跳過這步驟，直接進行下個階段。

謝謝爸爸煮飯給我們吃。
謝謝媽媽陪我寫作業。
星期天去動物園玩～

● **流程③一起玩桌遊**

當議題討論告一個段落，我們家會用桌遊來結束本次的會議。由這次擔任桌遊組長的人，決定要玩哪個遊戲。

創造開放討論的氛圍

家庭會議最主要的目標，是讓孩子練習表達想法、培養解決問題的能力。孩子需要有充分表達的機會，所以要避免把家庭會議變成另一個說教的場合。

即使孩子提出的觀點還不成熟，甚至有些荒謬，父母也要提醒自己，盡量把孩子的話聽完，並且在心裡面想著：「**結論不是重點，藉由充分對話促發孩子成長才是我們的目標！要怎樣回應才能讓我跟孩子有更多討論的空間？**」

我最常用的句子有：

「關於這件事，你的想法是什麼？」

「可以讓我多知道你怎麼想嗎？」

「你覺得還可以調整哪些，讓事情變得跟這次不一樣？」

「你的方法挺有意思的，我們先試試看，下禮拜再回來討論如何？」

在對話中要做到專注傾聽、輪流發言，別說小孩覺得困難，很多大人可能也做不到，這部分也可以借用前段所介紹過的「發言權杖」做法，來增進全家人在會議中輪流發言的能力。

會搬上家庭會議討論的，通常都是有爭議的問題，一不小心就會變成批鬥大會。因此，我會避免把討論焦點放在「為什麼問題會發生？」而是更強調「怎麼做會更好？」如果有家人對某件事抱怨或不滿，我會邀他分享「他認為比較好的做法」。

有一次，哥哥抱怨他負責協助媽媽洗衣服，每天都要做；但是妹妹的洗碗卻是偶爾家中開伙才要做，覺得不公平。我邀請他表達：

「我們討論的重點應該不是妹妹有多輕鬆，而是你對此心裡有多難受。」

「讓你覺得難受的是什麼？」

「你覺得怎樣才會比較公平？希望這個分工怎樣調整？」

後來我們釐清他的期待「如果妹妹睡前洗學校餐具時，也願意幫忙哥哥洗，他就會好過一些」。此做法在獲得妹妹的同意後，就在會議後付諸實行。

把問題行為轉換成正向的目標

父母也可以利用家庭會議，帶孩子檢視過去一週所犯的錯誤，引導孩子澄清想法、感受、行為，並擬定修正計畫。為了讓孩子能更開放地參與討論，避免感覺被責備，我習慣在討論時把錯誤行為轉化成正向的目標。

例如「忘了帶作業去學校」可以轉化成「如何提醒自己把東西帶齊全」；「上學遲到」可以轉化成「如何在時間內抵達學校」；「說髒話罵人」可以轉化為「如何讓別人更清楚我的意思」或是「如何向對方表達不滿」。

當一個正向目標被設定出來，接下來就更容易透過提問，來擴展孩子的思考與選項，讓孩子用創意解決眼前的難題時，也提升解決問題、自我管理的能力。

劇場式練習

家庭會議這樣做！

家庭會議該如何進行呢？就以我們家的實際經歷為例，這次是哥哥擔任主席。

說明提案理由

哥哥　有人想要提案嗎？（向大家詢問）

爸爸　我想在家裡推動一個「家務小幫手」制度。

妹妹　家務小幫手？

爸爸　現在我們家的家務分工，都是各自完成任務，媽媽洗衣服，爸爸煮飯、哥哥摺襪子、妹妹排鞋子。我覺得這樣很可惜，沒有辦法互相幫助，也沒法透過做家事增加彼此感情。更可惜的是，爸媽沒法透過合作完成任務，教你們更多能力。

提議可能的做法

妹妹　那應該怎麼辦呢？

爸爸　我提議比較重要且固定要做的家事，用兩人一組來完成。舉例來說，如果我在洗碗，旁邊就要有一個洗碗小幫手。媽媽晾衣服，就要有晾衣服小幫手。

妹妹　那要怎麼決定誰是小幫手？

爸爸　可以是「任務制」或是「輪流制」。
「任務制」就是負責固定的任務，只要爸媽在做那項家事，你就是小幫手。
「輪流制」就是兩個人輪流，輪到你，就是小幫手。

哥哥　家裡有哪些任務需要幫忙呢？

爸爸　我們可以先討論一下。（經過討論後，有六項家務需要孩子協助，分別是洗衣服、晾衣服、摺衣服、煮飯、洗碗、排鞋子。）

任務制
輪流制

我要跟爸爸做飯。
我要陪媽媽晾衣服。

▲家裡的任何狀況都可以是家庭會議的主題。

妹妹　我比較喜歡「任務制」。
　　　因為我喜歡跟爸比一起做飯。

哥哥　我也是，我也是，我想跟媽媽一起……

爸爸　如果你們都支持「任務制」，那我們就這麼做。

經過討論，哥哥決定認領洗衣服、晾衣服、摺衣服三項任務；妹妹則認領煮飯、洗碗、排鞋子。

讓孩子表達意見，參與討論

家庭會議是非常好的對話平台。如果父母願意改變心態，不期待可以控制孩子，讓他們聽話、服從；願意釋放部分手中的權力，真誠傾聽孩子的想法、建立平等合作的關係，孩子也會用他們的創造力與自律來回報你的信任。顯而易見的事實就是，如果家規是自己參與制訂、修改的話，孩子也會有比較高的意願遵守。另一方面，家庭會議也提供孩子練習表達、傾聽、面對歧見、討論、妥協等能力的機會，這都有助於他們獨立思考，建立問題解決的能力。

而實際執行一個月的「家務小幫手」制度後，我的觀察如下：

①較為繁瑣的家務（煮飯或洗衣）較適合透過「師徒制」，大人先多負責一些，讓孩子觀摩知道大略的步驟。再把任務拆解成多個小項，鼓勵孩子嘗試，若孩子準備好了

就可以讓他試著自己做。這樣的過程可以提高孩子完成家事的能力，培養自信心。

②親子搭檔完成家務也是很棒的精心時刻，讓我跟太太分別有機會和孩子獨處。

以我教女兒使用刀子為例，剛開始我站在妹妹身後緊握著她的手，一起一刀刀地切開蘋果，到後來放手讓她自己切。我清楚記得，本來想把手放在她肩上給點鼓勵，卻因為太擔心女兒會切到手而不住地發抖，需要極力克制自己想要代勞的念頭。

父母都明白，第一次看著小孩拿菜刀的緊張感，但我永遠提醒自己要相信孩子。當她切完蘋果，放下刀子、回頭對我驕傲地說：「爸比！小妞有沒有好棒？」

我突然感動得想哭，給她一個緊緊的擁抱，在她臉上親一下。對我們父女來說，這真是一個非常難忘的珍貴時刻！

▲選擇相信孩子，孩子才有成長的機會。

雖然雙寶家幾乎沒有安靜的一刻，
但別忘了，多數爸媽會生二寶的原因，
都是希望大寶在人生路上有手足相伴。
事實上，我經常讓這對小兄妹一起討論、商量……
對我來說，兩個孩子更好教、學更快。

PART 3 兩個孩子更好教

雙寶共同思考共同討論，
7 項生活素養從日常累積。

學挑戰

孩子逃避挑戰，怎麼辦？

——面對挑戰，我們家只有「會」跟「還沒學會」，

讓孩子學會應用「成長型思維」，不怕各種成長難題。

用「成長型思維」面對困境

我家兩個孩子從小就個性好勝、在意表現。往好處想，代表他們會努力提高自己的能力；但這也有困擾，若他們判斷成功的可能性不高，多會直接放棄。

如何引導孩子面對挑戰願意多嘗試？是我跟太太不斷努力的目標。

這方面影響我們最深的心理學理論，是史丹福大學卡蘿．杜維克博士（Carol Dweck）的「成長型思維」（growth mindset）[9]。她認為人有兩套思維的模式，分別是「成長型思維」及「固定型思維」。

擁有成長型思維的人，相信每個人的才能雖有天生差異，但透過不斷地投入與努力，「才能」是可以發展並增強的。這樣的思考方式在面對挑戰與失敗時，不會簡單認定自己「不會」，而是相信自己只是「還沒學會」，進而願意面對自己的不足，重複「嘗試」、「挫折」、「修正」、「成功」、「再嘗試」的循環。

⑨ 引自《心態致勝：全新成功心理學》，卡蘿．德威克（Carol Dweck）著。

而擁有固定型思維的人，則認為人的才能一成不變，有的人天生比較聰明、有天分；有的人則生來愚蠢無能。他們覺得如果自己在某件事失敗了，那就是失敗者，會盡量避免挑戰與困難，躲開任何讓自己可能失敗的情境，以保護自尊。比起努力去獲得新的能力，他們更傾向相信自己本來就沒有那個能力，任何需要透過努力才能獲得的事，都不適合自己，因此也很容易在遭遇困難時放棄。

擁有成長型思維的孩子，會比較熱愛學習，並且逐漸鍛鍊出良好的適應力、面對挫折的恢復力。若想瞭解更多，左頁我有附上杜維克教授的TED演講，讀者可以自行觀看[10]。

覺得很難，就學不會？

妹妹剛上小一時，老是記不住注音符號的發音，拼音也常拼錯，讓她十分受挫！向來都能主動學習的她，寫作業時變得好消沉。這天剛好輪到我指導功課，於是跟兄妹倆有了一番討論。

我指著書上的注音符號問：「這個字怎麼唸啊？」

妹妹沮喪地說：「我不會。」

我：「爸爸不是剛剛才教過妳？」

妹妹哽咽地說：「這我學不會，我就是不會！」

我拍拍她的頭安慰道：「我知道這個很難，學了沒多久又忘了，妳是不是覺得有點難過？」

此時妹妹哭了起來：「我覺得自己都不會！」連寫作業的哥哥也被引來關心。

我說：「我們先把作業擺一旁，來討論『面對挑戰』這件事。面對挑戰時，我們得先學會跟自己的心說話。爸爸希望你們不要太快說自己不會，我們家的人只有『會』跟『還沒學會』。」

哥哥：「什麼意思？」

我說：「確實有些事情，一開始會做得不好，或是不知道怎麼做。但是那不代表我們不能經由多一點的練習跟努力，愈做愈好。所以，沒有我們不會的，只有我們還沒學會的。」

哥哥不以為然地說：「可是，還是有真的學不會的東西吧？」

我：「有些能力確實需要多點時間學習。但透過多接觸、多練習，就能一點點、一點點地學會。」

---

⑩ 卡蘿．杜維克 TED 演講〜「相信你能進步的力量．成長型思維」。

哥哥：「像我懂很多『神奇寶貝』的知識嗎？問什麼我都知道。」

「那是因為你花在上面的時間比我多啊，如果我也想要多瞭解『神奇寶貝』，就應該投入更多的時間，」我轉身對妹妹說：「妳現在會幫家人做早餐，但妳也不是馬上就學會，是爸爸一步步教妳，實際做了好多次才學會的。我在想妳的同學裡面可能也有人覺得自己不會做早餐，但其實不是不會，而是還沒有學會！」

妹妹：「我現在會做早餐給家人吃了。」

我：「你們應該聽得懂，為什麼爸爸說我們家只有『會』跟『還沒學會』，當我們願意花更多時間學習，就會學得更多。沒有什麼是學不會的，差別只在於會的多，還是會的少。多點練習就可以讓我們離『學會』更近一點。那我來問你們，妹妹妳會開車出門買東西嗎？」

妹妹：「我……還沒學會。」

我：「哥哥，你可以跟鯊魚在水中搏鬥嗎？」

哥哥咯咯笑：「怎麼有人可以跟鯊魚搏鬥啊？」

我假裝嚴肅地說：「說不定有人真的做得到呢？」

哥哥：「好吧，我還沒學會！」

我：「妹妹，爸爸再問妳，妳可以自己讀一本書了嗎？」

妹妹：「我還沒學會！」

▲ 爸爸我不計形象的演出，都是為了讓孩子記住「不要害怕挑戰」啊。

我：「那妳會認注音符號了嗎？」

妹妹：「我……還沒學會。」

我：「很好，你們都學會用鼓勵的方式跟自己說話了。那我有個提議，以後我們家裡不要出現『我不會』這句話。」

哥哥：「如果有人不小心說了呢？」

我嚴肅地回答：「那就要給予最嚴重的處罰——親爸爸一下？」

妹妹跟哥哥都被逗樂了：「這個處罰沒有很可怕啊！」

我笑著回應：「因為我是想教會你們，不是真的想要罰你們啊！」

妹妹馬上帶著撒嬌的口氣：「爸比，這個我不會～」

我假裝生氣地說：「給～我～親～」

哥哥也開玩笑地說：「爸爸，我這題數學不會。」

我：「給～我～親～」

那天，我用這個遊戲騙到兩個孩子的十幾個親吻，也希望把「還沒學會」的成長型心態，好好放進他們的心裡。

Note

爸媽想一想

1 家裡的孩子面對挫折時，容易放棄嗎？你會如何引導他再嘗試？

2 你覺得孩子的能力受天分的影響較大？還是後天的學習影響較大？

學說話

孩子愛說難聽話，真是傷腦筋！

——學習說「溫柔的實話」，

是小孩跟大人都要學會的說話藝術！

一起討論說話的藝術

這陣子，兩個孩子很愛說些令人惱怒的話，例如：「好噁、太笨了、呆死了、弱爆。」仔細觀察後，發現他們說這些話的動機不同。三年級的哥哥，同學間競爭比較的氛圍激烈，我認為他說這些話，是想比別人更厲害，藉此感受優越感。

小一的妹妹才剛接受初步的社會化，原本她的童言童語還無傷大雅，但現在也是需要修正的時候，畢竟叫爸爸「大叔」感覺很可愛，但是說同學「難看」或「噁心」可就糟了。妹妹的原因是不懂得考慮他人的感受，她需要評估工具來判斷什麼話可以說、什麼話要避免。

同時，我也注意到哥哥會說一些「貶低」妹妹的話，例如打羽毛球時，他會說「好爛喔、練這麼久還不會、我早就會了」；而妹妹更是分不出「直率」與「傷人」的差別，例如對著親戚剛出生的小寶寶說「好呆喔、口水滴下來真噁心」等等，多次被我制止。

於是，我們開了個家庭會議，討論「說話的原則」。

我：「妹妹妳要留意說話，避免講一些會讓人難受的話。」

▲溫柔的實話，也是一種生活素養。

但是，妹妹卻不以為意地回答：「為什麼？」

我：「和妳相處的人沒法看到妳的內心，他們是藉由妳說的話來判斷妳是怎樣的人。如果妳總是說些很傷人、很難聽的話，就很容易被看成是糟糕的人。」

「如果我說的是真話呢？」妹妹面露疑惑地問：「難道連真心話也不能說嗎？」

「除了那句話是真是假外，妳還需要考慮別人的感覺。」我繼續說：「每個孩子都是媽媽心頭肉，沒有哪個媽媽會喜歡自己最寶貝的孩子被人說呆，那會讓人很受傷。」

妹妹：「我還是不懂為什麼真話不能說？」

我：「那我來分享，爸爸是怎樣判斷一句話該不該說。說話前，我會問自己三個問題：**①這句話是真的嗎？②這句話會讓人難受嗎？**有時即使我認為這件事是真的，但只要會讓人難受，我會盡可能不說。**③這句話對改善現況有幫助嗎？**當我用這三個標準去思考想講的話，發現很多話不適合說時，就能減少說錯話的機會。」

哥哥：「我覺得有點難懂，爸爸可以再舉個例子嗎？」

我：「妹妹，假如妳有個同學，真心覺得爸爸很醜。這時就用三個問題想：①這句話是真的嗎？因為她是真心覺得，所以是真的。②這句話會讓人難受嗎？如果同學說『我覺得妳爸爸好醜』，妳會如何？」

妹妹：「我會很難過。」

我：「可是她真心覺得妳爸爸醜，她可能會說：『妳爸爸明明就不好看，我只是說實話而已』。」

妹妹：「但我還是會很難過，不希望她這樣說我爸爸。」

我：「③妳覺得同學說出這些話，對這件事有幫助嗎？」

妹妹：「爸爸醜就是醜，她說出來，爸爸也不會變得好看一些。」

欸~明明只是舉例，聽女兒這麼說還是有點受傷。

我：「再舉個例子，我曾看過一部電影，主角是個跟奶奶相依為命的小男孩，家裡非常窮。沒錢買菜時，奶奶就會讓小男孩去買豆腐配飯吃。當時的豆腐不是在超市賣，是裝在腳踏車的木箱裡，讓老闆騎著車沿街叫賣。因為窮，買不起完整的豆腐，小男孩都會問老闆：『有沒有破的豆腐可以賣？』因為那會便宜許多。」

哥哥：「可是，不一定每次都有破掉的豆腐可以買吧？」

「但是每次他去買，都剛好有破掉的豆腐，」我試著想讓孩子思考後，問：「猜猜看為什麼？」

兄妹倆想了很久，但想不出來。我便接著說：「原因很簡單，因為老闆想幫他。只要看到小男孩，就偷偷捏碎一塊豆腐，這樣就可以幫助小男孩，又不讓他覺得難受。」

「我知道了！這個叔叔很溫柔，」哥哥恍然大悟地回答：「如果他直接算小男孩便宜，會讓他覺得沒面子。偷偷捏破豆腐可以讓小男孩便宜地買到，心裡又能好受！」

我點點頭說：「沒錯，有時候我們得考慮別人的心情，有些話不適合說或是得換個方式說。」

「我大概懂爸爸的意思了，」哥哥若有所思地繼續說：「**我們要學會說溫柔的實話**。」

我非常訝異兒子的回答，便問：「什麼意思？」

哥哥：「就是在說話前多想一下、多考慮別人的心情，來決定哪些話該說、哪些話放在心裡不說。還有說話時多帶點溫柔，可以避免說出讓人受傷的話。」

「溫柔」這個詞用得真好，大人也該學一下！

你說的話決定你是什麼樣的人

小朋友的童言童語時期，無論說什麼，都讓人覺得好可愛，所以許多父母忽略要注意孩子說話的習慣。就像女兒從三歲開始很喜歡叫我「大叔」，初期我並不以為意，家人也覺得這樣喊很逗趣，甚至會鼓勵孩子這麼叫。

後來我覺得讓孩子習慣用「貶低他人的方式說話」並不好。身為父母需要引導孩子用正面／鼓勵的語言說話，因為說話其實跟自我概念、人際關係有很大的關係：

①所說的話最終會變成想法。
②想法會引導行為。
③行為累積起來會變成習慣。
④每天養成的習慣，累積起來就決定你會是怎樣的人。

說錯話時才處罰的效果不大

要避免孩子批評別人，只在說錯話時制止是不夠的，因為怎樣說話才算恰當，標準常是模糊不清，對大人來說也不容易拿捏分寸。所以孩子才會需要明確的工具、實例，增加他們對於人際互動的理解。

在評估工具這部分，我常會引導孩子思考之前提到的三個問題，來決定一句話是否該說，並且實際練習。雖然效果無法立竿見影，孩子還是會偶有失言，但即使如此，孩子在同理方面確實有進步，與同學有衝突時，也比較能分析爭執的原因為何。

Note

爸媽想一想

1 你家孩子也愛毒舌嗎？
2 當孩子說出不恰當的話語時，你會怎麼回應？
3 如何判斷說話的內容是否合適？標準是什麼？
4 你認為孩子幾歲後就需要留意說話的習慣？

學理財

紅包錢，歸誰管？

——有錢可管，才能學會理財，

跟孩子一起想想紅包錢該怎麼用吧！

讓孩子思考紅包怎麼用

在我家，過年的紅包該怎麼處理，始終是個難題。身為阿德勒學派心理師，我努力想要提高孩子解決問題的能力，這意謂我們家的「家庭規則」不是爸媽說了算，而是要用孩子能夠理解的方式反覆討論，成為可實踐的規定。

但是只要一提到錢，就變得很難商量。後來，我們便用「家庭會議」和孩子討論紅包錢該怎麼處理，那時哥哥八歲、妹妹六歲。

先說明這段家庭會議討論的背景——我們家族的慣例，大人給孩子的紅包金額都很高，即使是五歲小孩也會拿到好幾千的紅包。並非長輩們很富有，而是客氣，總把我孝敬老人家的紅包，再添上一些錢回包給孩子。所以每逢過年，兩兄妹的紅包金額都很驚人，在這種狀況下，我不可能讓孩子直接動用紅包。而且，自從兩個孩子開始有零用錢，嘗過錢的美好，對錢的渴望無法跟幼兒時期相提並論。

家庭會議當天，我先開場：「快過年了，我想跟你們討論紅包該怎麼處理。」哥哥馬上開心地說：「妹妹，我們有錢可以買好多東西！」妹妹也跟著大笑起來。

我：「今天討論的重點就是什麼是紅包？屬於誰？該怎麼使用？」

哥哥：「紅包是家人送給我們的禮物，當然是我們的，該由我們決定啊！」

我點點頭說：「這麼想很合理，因為那是大人親手給你們的，真的很像是你們收到的禮物。」

哥哥：「難道不是嗎？」

有紅包，可以買想買的
東西了！
拿到紅包很開心吧？
紅包錢是誰的呢？
當然是我們的啦！

▲與孩子一起反覆討論，共同制定家庭規則。

紅包是怎麼來的？

我決定先讓孩子瞭解「紅包」的含意，便解釋：「過年的時候，為了祝福長輩，我們會把錢裝在紅包裡送給他們。爺爺奶奶收到紅包，也想把祝福分享給你們，於是回送紅包。還有一種狀況是，去朋友家拜年，爸爸媽媽送對方的小孩紅包，對方也送你們，這是傳遞祝福與感謝，不是送錢給對方用。」

為了幫助孩子理解，我跟太太準備了一個裝有兩千元的紅包，跟兩個空紅包袋，由太太扮演奶奶，我把裝有錢的紅包交給奶奶向她拜年。奶奶轉身把兩千元放進兩個空紅包袋裡，再分送給兩個孩子。

「我知道了，這很像大人在玩的交換禮物。」哥哥恍然大悟地說：「我先送給你，你再回送給我，沒有人真的拿到錢！」

我：「沒錯，所有的錢會這樣轉來轉去。嚴格說來，爸爸要先拿出一筆錢，錢轉了一圈跑到你們身上。是否要玩這個遊戲？每個大人的想法都不一樣，有人覺得包來包去沒必要，所以約好都不包或是交換空紅包袋就好。但是爸爸覺得這樣過年很沒有意思，少了很多樂趣。」

兄妹倆異口同聲地回答：「我還是想要在過年時領紅包！」

我：「有些大人會假裝幫孩子把紅包存起來，卻把錢用在家裡其他花費上。他們覺得沒什麼，因為那本來就是他們先付出去的錢。但是爸爸覺得不太好，大人沒有說實話，如果小朋友發現紅包錢被爸媽花掉了，可能會對爸媽很失望。」

哥哥同意道：「我們不應該說謊，就算是爸媽對小孩子也不行。」

我：「我也這麼覺得，說謊是不對的，所以想來討論紅包錢該怎麼用，你們會覺得合適也能接受。」

▲當孩子有思考能力時，就該帶領孩子思考，不直接給予答案。

怎麼用紅包錢？

哥哥：「我還是希望自己決定紅包錢怎麼用。」

我：「那確實是你們拿到的錢，爸爸不能代為決定。但是爸爸不希望你們隨意花用，所以我有兩個選項。選項①，你們可以留下所有錢，但需要跟爸爸學習怎麼管理、使用。也因為你們有可以支配的錢，一些非生活必需的花費，例如課外書、看電影等等，就要由你們自己支出。具體項目可以再討論。這個選項的好處是，你們有很高的決定權，可以決定怎麼用，但缺點是得花時間學，才不會到年底的時候，沒有錢可以用。」

妹妹：「我覺得，我們很快就會花光這些錢了。」

我：「所以才需要學管錢啊。選項②，爸媽幫你們各自開帳戶，將紅包錢存進去。但你們可以先拿幾百塊當零用錢，爸媽不會過問你們怎麼花。」

哥哥：「當然是全部都自己管比較好啊！」

妹妹也跟著說：「我想要自己可以花的錢。」

於是，我拿出紙筆給孩子計算可能需要支付的費用，順便練習乘法與加法。

哥哥試算幾次後說：「選項①雖然可以用的錢變多了，但是要付的錢也變多。還要常常去算剩多少錢，免得沒錢，真的很麻煩。」

我：「可以做的決定愈多，必須付出的心力與責任自然也多，這是沒辦法的事。」

我讓孩子自行討論哪個方案比較有利，大約二十五分鐘後，哥哥帶著篤定的眼神宣布：「我們決定請爸媽開戶，然後領零用錢。」妹妹也跟著附和：「決定了！」

我：「為何會這樣決定呢？」

哥哥：「我們還太小，沒辦法算清楚哪些錢該花、哪些錢該留，得要學更多才有辦法處理這麼多錢。」

妹妹學著哥哥的口吻：「我們還要學更多才行。」

我：「很高興你們為自己做了決定，今年的紅包就這樣處理。爸爸希望你們記得，紅包最重要的不是錢的多少，而是對方的祝福。無論決定怎麼使用，都要在心裡感謝給紅包的長輩。」

▲ 雖然直接給予指令可以更快解決問題，
但我珍惜帶領孩子找方案的過程。

有錢可管，才能學會理財

經過這件事後，我有以下心得：

①要先有錢，才會思考怎麼管理錢：父母必須以「紅包是孩子的錢」為思考前提，他們有分配權利，也很認真地思考如何運用。後續幾週，我們又針對「可以做多少決定」、「該付多少責任」做了多次討論。無論最後結果為何，都可以讓孩子對「做決定」這件事有更深入的思考。

②增進「投資」的進階概念：後來，我們也討論到「投資」——錢不能只存在銀行，還要再去思考如何用錢賺更多的錢，孩子也很開心地學到了「利息」、「報酬」、「風險」等理財概念。

Note

爸媽想一想

1 你覺得孩子幾歲適合有自己可以支配的錢？多少金額是合適的？

2 你認為孩子有需要學習「理財」跟「投資」的概念嗎？

3 你會跟孩子討論關於「錢」的事情嗎？

學獨立

可以讓孩子自己搭車上學嗎？

——別移去孩子的「困難時刻」，

陪他在挫折中尋找解決之道，

因為勇氣來自親身克服困難的體驗。

搭公車上學大挑戰

我們家兩個孩子都在媽媽任教的小學就讀，學校離家大約十分鐘車程，如果讓孩子跟媽媽一起上學，大概早上六點多就得起床，我們很捨不得孩子這麼早起，加上我常有外地工作，無法每天接送；討論許久後，最終決定讓孩子搭公車上學。

這是個冒險的決定，萬一過程中發生任何變數，下錯站、有大人想拐騙，或是妹妹動作太慢被留在車上……孩子是否具備「保護自己」與「解決問題」的能力？讓人非常憂心。

但我跟太太始終堅信「**在孩子相信自己之前、在孩子證明自己值得相信之前，先相信孩子**」。給予孩子充足的訓練，放手讓孩子去嘗試，才能透過克服挑戰，相信自己真的可以。

因此我們決定訓練孩子搭公車，給他們一個挑戰自己的機會。

三步驟訓練孩子搭公車

●步驟①陪伴

引導他們認識公車路線、上下車。大約一個月，等待孩子習慣搭公車上學後，便進入下個階段。

●步驟②讓孩子主導

週一、三、五由哥哥帶隊；週二、四由妹妹帶隊，我跟太太雖然會陪同，但不提供意見，讓帶隊的孩子決定上哪台公車、何時下車。過程中如果有意外，孩子也必須自己排除，盡量不要向大人求助。這階段同樣大約維持了一個月，在陪同孩子練習的過程，得非常有耐心，才能堅持不插手、不介入，讓孩子從嘗試錯誤中學習跟成長。

例如某天早上眼看快要遲到了，兩個孩子還是顧著聊天，沒有注意到公車已經進站，我雖然著急卻還是得忍著，眼睜睜看著公車離開。等到哥哥發現公車已離站，我才引導他們討論：「錯過公車怎麼辦？」

事後回想，雖然孩子錯過了公車，上學也遲到了，但這次經驗卻提高孩子解決問題的能力，非常有價值。

▲訓練孩子獨立，也是在訓練爸媽獨立。

● **步驟③放手**

其實我並沒有很快放手，因為不放心，我會先陪孩子等公車，等他們上車後，再騎摩托車跟著，確定孩子順利下車進入校門，我再騎車回家，持續了好一陣子。直到某一天，騎車的我比他們早抵達校門口的公車站牌，看著兄妹兩人走進學校，順便嘮叨搭車的注意事項。突然，哥哥停下腳步很嚴肅地看著我：「爸爸，你說的我已經知道了，我已經長大了，你要學著相信我可以！」

聽到孩子這麼說，我突然意識到，他們並不需要我騎車護送，他們已經長大、可以輕鬆完成這件事了，真正需要護送的人其實是我自己，我需要透過這段護送的時間，降低要放手的焦慮。

隔天，我強忍著不安送兄妹倆上公車後就回家。從他們上車、到手機傳來順利到校的訊息，我都處在焦慮、緊張、害怕中，無法做任何事。就這樣堅持了兩週，隨著孩子安全到校的次數增加，我才能放鬆，不再過度憂慮。

父母的放手是孩子的成長

這樣訓練孩子搭車上學的過程，一定有很多父母覺得麻煩。不過十分鐘的路程，為什麼要花費這麼多心力、冒這麼大的風險？

對我而言，我考量的不是在最短時間內完成一件事，而是如何利用機會讓孩子學到更多的能力。因此我會盡量在生活中尋找一些略高於孩子能力的難題，就像搭公車，藉由挑戰的過程，讓他有機會實做，建立「我可以」的自信。畢竟，可以陪孩子面對未來人生的不是父母，而是他所具備的各種能力。

曾端真教授曾在著書中[11]提到：「孩子的勇氣不能由外在附加，也不能向外尋覓，必須實際去面對事情。勇氣來自憑自己親身克服困難的體驗。」所以，父母需要多提供機會，讓孩子完整經驗到「遇到困難」、「嘗試與思考」、「克服困難」、「獲得肯定」的過程，才能真正提升自我價值感。

父母可能擔心孩子遭遇危險，心疼他的挫折，渴望讓他開心，而在不知不覺中移開「困難的時刻」。但若真想要鼓勵孩子，與其幫他排除困難與挑戰，還不如陪他在挫折中待久一點、一起找到解決問題的可能性，並且在孩子做到時，給予正面評價。這種透過具體行動而獲得的自信，才能深植在孩子心中。

⑪ 引自《教出有勇氣與行動力的孩子：親子雙贏的教養功夫》，曾端真著。

透過訓練更瞭解孩子

孩子的學習需要透過實際體驗與練習，才會印象深刻，為了提高孩子隨機應變、自我保護的能力，我們家會在家庭會議討論各種虛擬狀況，並拿布偶實際演練。例如：

- 有怪叔叔拉住妳、不讓妳下車怎麼辦？
- 不小心坐過站、坐錯車怎麼辦？
- 被載到奇怪的地方怎麼辦？

透過反覆練習，讓孩子熟練危機狀況的SOP，另一方面，父母也可以觀察孩子面對危機的反應，有助於真正發生狀況時，可以即時預判孩子的行動，做最合適的補救措施。

例如有回搭公車，哥哥才剛上車，司機就關上車門開走了，獨留我跟妹妹在原地。雖然這個突發狀況我們從未演練過，但我依據過往觀察，判斷哥哥應該會冷靜地坐到學校才下車，我只需要騎車載妹妹到學校等哥哥就好；但若是發生在妹妹身上，她應該會慌張地按下車鈴、跟司機求救，在下一站下車回頭找哥哥，我需要做的就是去下個站牌把她領回來。

Note

爸媽想一想

1 放手讓孩子獨立完成某些事，對你來說容易嗎？

2 你家孩子的特質是偏向獨立還是依賴？跟教養方式有關嗎？

3 當孩子遇到困難時，如何分辨該讓孩子自己完成？還是需要爸媽伸出援手？

學情感

孩子，我不希望你愛錯人。

——小女生都喜歡聽公主故事，但這些故事中往往潛藏著迷思，

需要爸媽與孩子討論，釐清觀念。

童話故事中的危險情人

妹妹滿六歲後就開始愛漂亮，即使我們家從未有芭比娃娃之類的玩具，看的卡通也都是《勇敢傳說》、《海洋奇緣》、《神隱少女》這類以勇敢女性為主角的影片，依舊抵擋不了她對蓬蓬裙、閃亮高跟鞋的熱愛，當然，各種以公主為主角的故事也逐漸進入她的世界。

我長期為親密關係中的暴力加害者諮商，發現這些公主故事根本就是「危險情人大全」，羅列了各種類型的危險情人，當然也成了我跟孩子進行情感教育的最佳工具。

白雪公主：不懂得尊重的王子

七歲的哥哥跟五歲的妹妹聽完《白雪公主》的故事後，我問：「公主吃完毒蘋果倒在地上，你們認為她怎麼了？」

哥哥抱著肚子說：「她一定覺得很想吐、肚子很痛。」

妹妹搖搖頭說：「她不舒服，需要休息。」

我假裝成騎著白馬的王子說：「這時候，王子來了……如果你們是王子，看到有個肚子痛、想吐、倒在地上的女生，第一件事會做什麼？」

哥哥：「我會馬上叫救護車！」

妹妹：「我會去叫大人幫忙她！」

我：「可是王子沒有這麼做。他覺得白雪公主很漂亮，就給她親下去了。」

妹妹：「他都沒有問過女生想不想給

這個畫面是不是很奇怪？
王子怎麼不叫救護車呢？
沒問人家就亂親，這樣 ×× ！

他親，這樣不可以！」

我：「更有趣的是，公主醒過來後，王子就決定要跟她結婚。你們覺得，王子喜歡公主什麼？」

哥哥兩手一攤，搖頭嘆氣說：「一定是因為公主很漂亮，因為他根本不認識她。」

妹妹也搖搖頭說：「他怎麼可以沒有問公主就亂親人，這樣不可以。」

妹妹說得對，要親別人之前還是應該先問過才對。

灰姑娘：只在乎自己的王子

這天，講了《灰姑娘》給孩子聽，我問：「你們覺得這是個怎樣的故事？」

哥哥：「我覺得很莫名其妙，王子跟同一個女生跳了三個晚上的舞，卻不記得她的臉。他怎麼好意思說他喜歡人家？還是那個地方沒有開燈嗎？」說完還哈哈笑。

我：「或許那時候都是點蠟燭，真的有點暗。」

哥哥：「他撿到灰姑娘的鞋，告訴全國人民，穿得下鞋子就是他的新娘。如果剛好是灰姑娘的爸爸咧？」

我：「或許，他就會娶灰姑娘的爸爸當太太吧！」

妹妹：「我有記得這個喔，爸爸上次跟我們說現在男生也可以跟男生結婚了。」

哥哥重新拉回話題：「灰姑娘的姐姐，為了嫁給王子，一個切腳趾、一個切腳跟，血流得到處都是，王子都沒發現。他的眼睛沒問題嗎？」

我：「爸爸的課堂上的確有不少這樣的人——**比較關心另一半能否符合他的標準，卻可以假裝沒看到另一半的痛苦。**」

所以，《灰姑娘》裡的王子有危險情人的典型特徵——在乎對方是否回應他的要

為什麼王子不記得灰姑娘的臉？
如果灰姑娘的爸爸也穿得下鞋子，怎麼辦？
他喜歡灰姑娘的腳？好好笑！

求、符合他的期待，卻不顧對方的感受。

我：「有趣的是，他認不出女主角的臉，而是用玻璃鞋來決定誰是太太，你們覺得如何？」

妹妹：「如果一個男生因為我的腳剛好能穿進鞋子裡，就決定要喜歡我，那我猜他喜歡的不是我，而是我的腳，他應該跟我的腳結婚。」、「而且腳一樣大的女生很多耶。」、「他會不會一下子又愛上別的女生？」

我：「妳的確得張大眼睛，因為這種搞不清楚自己喜歡的是腳、還是腳的主人的男生，好像也不少。」

情感教育的三大重點

早期很多以公主為主角的童話故事，潛藏許多偏頗的迷思，舉例來說：

①特別強調男女主角的外貌，必須是英俊、美麗的。
②戀情的開展多半是一見鍾情，強調美好的戀情通常是命中注定的。
③不用考慮兩人關係的經營磨合，只要遇到對的人就會幸福快樂。
④女性是弱勢無助的，需要等待某個男性的拯救。
⑤女性的幸福就是找到一個對的王子結婚。

上述的價值觀，我想現代的父母應該都不會同意，更別提想教給孩子。但是孩子卻可能因為這些公主故事，不知不覺將偏頗的價值觀深植內心。這些童話故事當然還是可以讀給孩子聽，但建議透過提問，讓孩子對內容有更深的瞭解與反思。

所謂的「情感教育」，並非找時間刻意灌輸孩子知識，而是把握每一次的互動，透過討論，幫助孩子對情感有更廣泛、深刻的體會。

父母需要跟孩子討論什麼呢？不同年紀的孩子需要討論的議題各不相同，但有

情感教育三重點（以白雪公主為例）

愛	尊重	負責任
•什麼是愛？ •什麼是喜歡？ •在什麼時候我特別感受到愛？ •什麼是愛一個人的表現？	•什麼是尊重？ •如何尊重他人的身體／心理界線？ •如何要求他人尊重自己的身體／心理界線？	•在我做決定之前，需要考慮什麼？ •我如何評估行為的後果？ •什麼才是負責任的決定？
•王子愛白雪公主嗎？ •白雪公主愛王子嗎？ •為什麼？	•王子應該親白雪公主嗎？ •他需要多考慮什麼？ •白雪公主被親的感受可能是什麼？ •她希望王子怎麼做？	•他們後來決定要跟對方結婚，做出這個決定之前，需要考慮 什麼？

三個重點是共通的——愛、尊重、負責任。無論三歲還是十八歲，帶領孩子反思，都能提升孩子的情感知能。

愛從愛中學

如果父母不知道怎麼跟孩子討論，也不用太有壓力。因為真正的情感教育是在親子互動中實踐的，也就是「愛從愛中學」，父母可以先思考自己對於「愛」、「尊重」、「負責任」的價值觀，將自己的價值觀落實在平日相處中。一個在愛裡成長、被父母尊重的孩子，也能從良好的親子關係中，學到愛人與尊重人的能力。

Note

爸媽想一想

1 你會跟孩子討論情感相關的主題嗎？
2 哪些情感方面的價值觀是你很看重的，該怎麼傳遞給孩子？
3 你覺得孩子幾歲的時候適合戀愛？
4 你設定這個時間的考量是什麼？

用生活引導思考

妹妹最近不只注意自己的穿著、髮型，對別人的外貌也很有想法。家中開始出現「某某教練好帥、某男同學好帥」這類令爸爸感覺刺耳的對話。某天吃早餐時，妹妹問：「爸比，你猜我最喜歡某某卡通的哪個角色？」

我漫不經心地回答：「哪一個啊？」

妹妹：「○○○啊！」

我：「妳喜歡這個角色哪裡呢？」

妹妹眼睛閃亮亮地回答：「因為他好帥喔！」

這讓我決定要跟女兒好好聊聊「選對象」這件事。

我：「寶貝，除了外表，選擇對象時還有其他可以關注的事情吧。」

妹妹：「像是什麼？」

我：「例如，在某方面的能力很好，願意用這能力幫助人。」

妹妹：「還有呢？」

我：「有一顆溫柔的心，如果可以像哥哥那樣溫柔，就是很好的特質。」

妹妹：「但我還是覺得帥比較好！」

我：「爸爸平常上課輔導的對象，是會打小孩跟太太的男生，我教他們不要打家人、要好好對待家人。這些人有的很帥、有的很有錢，有的在很厲害的公司上班。但如果沒有溫柔、願意幫助別人的心，有再多外在優點也沒有用。」

妹妹：「難道不可能找到一個又帥、又溫柔，又有能力的對象嗎？」

我真誠地凝視女兒回答：「當然有啊。像——爸爸我這樣的男生就是了！」

妹妹：「爸爸你沒有上面這些東西啊——你就只是個大叔啊！」

外表不重要，要
像爸爸一樣又帥
又有能力啊！
爸爸你不帥，
你是大叔啊！
○○好帥喔～

學自制

孩子喜歡購物，怎麼辦？

——買到想要的東西是件令人開心的事，

但真正的快樂不是用錢可以買到的！

親子共同討論金錢觀

我很喜歡跟家人一起開車出遊，全家人在車上分享觀點、玩互動遊戲或是合唱某首歌，這種親密與連結所帶來的幸福感，比到任何景點遊玩還強烈。而且，在車上有很完整的時間，心情也輕鬆，也很適合跟孩子討論需要深度思考的問題。

住在豪宅裡就快樂嗎？

有天，我們一家開車經過某豪宅區，哥哥指著有華麗拱門的大樓說：「爸比，我們是不是買不起這裡的房子？」

我點點頭：「坦白說，我們家還真的買不起。這裡的房價以爸爸的收入來說，完全是難以負擔。你想要住這樣漂亮的房子嗎？」

哥哥：「不會啊，我們家挺好的。我覺得住家裡很舒服，但我們家是租的，不是買的。」

我：「那我們來討論一下，該怎麼把握幸福與快樂，不要上商人的當。」

哥哥很驚訝：「不要上商人的當？」

我：「用剛才的豪宅來舉例，商人為了賣房子，會找明星拍廣告，讓一家人在公園裡快樂地跑跳。爸爸跟孩子玩、賽跑，媽媽在旁邊溫柔地笑著，孩子跑累了會拿手帕給他擦汗。商人用廣告暗示我們，如果你家離公園很近，就可以常來公園玩，累積快樂回憶。你們覺得這個廣告哪裡怪怪的？」

兩個孩子想了幾分鐘，妹妹先回答：「怪怪的，我們的家離公園有點距離，但是我們也常去公園玩；其實不用住在公園旁邊，只要爸爸帶，我們就可以去公園。」

哥哥：「我也覺得怪怪的，如果爸爸買了這麼貴的房子，就要花更多時間賺錢，沒有時間陪我跟妹妹。所以爸爸願不願意陪小朋友玩比較重要，跟住得離公園近不近沒有關係。」

我：「你們說的都沒錯。商人想讓客戶相信，希望家人幸福快樂就需要這間房子；更壞的商人甚至想讓客戶以為，沒有這間房子就不可能幸福快樂。但實際上有沒有房子，跟會不會幸福、能不能快樂沒有一定的關係。」

哥哥馬上反駁：「怎麼會沒關係，住漂亮房子心情會很開心耶。」

我：「是啊，住漂亮房子很開心。但開心不只是因為有房子，更重要的是住在裡頭的人怎麼相處。如果家人之間相親相愛，願意互相幫助關心彼此，即使沒有漂亮房子，心裡也會快樂。反過來說，如果家人間經常吵架，即使搬到大房子，生活也不會快樂。」

▲快樂藏在關係裡，願意幫助身邊的人才會快樂。

哥哥：「我猜爸爸要說的是，買到某些想要的東西會讓人開心，但是真正的快樂不是用錢可以買到的。」

我：「說得真好。真正的快樂藏在美好的關係裡，要有美好的關係，得看我們願不願意投入時間跟心力，願不願為身邊的人提供協助。若把時間拿來賺錢、買更多想要的東西，最後也很難有真正的快樂！」

看到孩子好像有點懂的樣子，我再接再厲地說：「又比如汽車廣告會請大帥哥來開車，把車子停在高山上，帥哥看向遠方……商人希望觀眾以為有了這台車，就會像主角一樣帥。是不是有哪裡怪怪的？」

哥哥：「如果真的是大帥哥，騎腳踏車也帥。」

妹妹：「對啊。如果是爸爸開那台車，也不會變成大帥哥，只是個普通的中年大叔而已。」

培養不被廣告牽著走的能力

說到金錢教育，很多父母直接想到要教孩子儲蓄、理財等知識。但我覺得更重要的是，讓孩子具備獨立思考的能力，不被各種商品廣告的價值觀牽著鼻子走。

商人都希望把大眾渴望的某種正面感覺跟商品結合，讓孩子在不知不覺中相信：

- 擁有這個玩具，我才會快樂！
- 能買到稀有的虛擬裝備，我才最了不起！
- 喝到那個飲料，我才能幸福！

透過討論，我希望引導孩子思考幸福與金錢之間的關係，讓他們知道自己的價值與幸福快樂，其實藏在美好的關係裡，與擁有多少商品與金錢，不一定有直接關聯。

Note

爸媽想一想

1 在什麼情況下，你會買玩具跟零食給孩子？
2 你會用玩具、零食、3C產品來獎勵孩子，這樣做的好處跟壞處是什麼？
3 除了物質欲望，還有什麼動力可以引導孩子做出好的行為？

學自強

擔心孩子霸凌或被霸凌

——看著孩子吵不停，

總害怕強勢者會欺負人、弱勢者不懂得維護自己權益。

踏出家門會不會演變成霸凌與被霸凌啊？

霸凌關係中最具殺傷力的兩句話

我常有機會進入國中小校園做心理諮商，協助處理學生間的霸凌問題，輔導加害者或協助被害者。我發現，霸凌行為遠比父母／老師想像的普遍、維持時間也久。

如何避免孩子變成霸凌的受害者？我們可以把霸凌比喻成一個競賽，那些霸凌者會用各種方式，把以下兩句話放進孩子心裡：

①你是個沒有用的廢物！

②沒有人會喜歡你！

第一句話會讓孩子對自己的存在價值產生懷疑，後者則是想切斷孩子與他人的連結，如果孩子相信了這兩句話，就是霸凌者贏了；若孩子心裡不相信這兩句話，就是孩子贏了！

要未成年孩子在面對同學的貶低與訕笑時，還能保持自信、不受到負面影響並不容易。最重要的關鍵在於，孩子身邊是否有人（無論是同學或家人）願意持續站在他身邊，穩定地給予支持與肯定，陪伴他一起解決問題，這會讓孩子感覺不那麼孤單難過，避免問題一路惡化到自殺、自傷或是拒學等不幸的結果。

霸凌不只是孩子間的衝突與玩鬧

中央研究院吳齊殷研究員的研究[12]指出，霸凌通常不是單一次的欺侮與惡作劇，而是某些掌握人際權力的同學，長期排擠某些落單、不受歡迎同學的上下關係。霸凌的理由通常是為了「友誼網絡」、「地位競爭」，藉此拉攏更多親近自己的朋友，在班級中獲得更穩固的地位。

因此，霸凌的發生絕不只是兩個孩子的衝突，整個班級的人際關係都牽扯其中。要解決霸凌事件，光是找出霸凌者、懲罰他是沒有幫助的，需要更多層面的介入，家長、老師、輔導人員都得一起動起來。

若孩子不幸成為霸凌的受害者，父母千萬不能用「不要理他們」來搪塞，被霸凌、排擠的孩子，心裡的痛苦是成人難以想像的。此時若又聽到這類的話，很容易被孩子解讀成：

「無法不理會這些人的我，很沒用！」

「跟爸媽說也沒用，他們只會覺得是我自己想太多！」

這會讓孩子加倍地孤單難受。雖然父母無法改變孩子在班上的處境，讓那些貶低的聲音變小，但只要父母願意成為孩子的盟友，多多給予鼓勵、支持，提供正面的聲音，就能幫助孩子長出更多面對困境的勇氣。

與孩子討論霸凌

開學第一天，跟孩子聊天時，電視跳出一則兩名國中生跳樓結束生命的新聞。我心情有點凝重地說：「剛剛有則令爸爸難過的新聞——對你們來說，今天是快樂的開學日，但有兩個國中學生不覺得開學快樂，他們在今天決定結束自己生命，上天堂去了。」

七歲的妹妹：「我很難想像有人這麼年輕就死了。」

我好奇地提問：「你們覺得有哪些原因，會讓人覺得活著很辛苦，寧可結束生命

---

⑫ 引自「研之有物」網站，吳齊殷「面對霸凌，我們都需要被討厭的勇氣」（https://research.sinica.edu.tw/teen-friend-network-bully/）

呢？」

九歲的哥哥：「我不知道，想不通為什麼要這麼做。」

妹妹搖搖頭：「我也想不出來！」

我：「我不知道真正的原因。不過在我輔導的小朋友中，很多人覺得上學很痛苦，是因為他們在學校被同學欺負了。」

哥哥自豪地說：「這我不擔心，因為我可以跟各種人交朋友，就算把十個討厭我的人跟我放在一起，我們也可以變成朋友。」

妹妹很生氣地說：「這些人好壞，為什麼要欺負人？」

我：「有很多原因讓他們想要欺負人。但多數時候是因為他們心裡很害怕，找不到方法讓他們覺得自己夠好。這時候如果能讓別人也很難受，就可以覺得稍微好過一點，他們從欺負別人的過程中，感覺自己有力量。或者，跟著大家一起欺負人可以讓他感覺自己有朋友。」

哥哥：「這就是爸爸之前說過的，只有膽小的人才會想要去傷害別人？」

我：「的確是這樣。那些欺負別人的人，需要透過讓別人害怕、難受而站在更高的地方。不這樣做，就擔心自己會矮人一截。但是一個相信自己、喜歡自己的人，不需要去傷害任何人，也可以感覺自己很棒。」

妹妹：「如果遇到想要欺負我們的人，該怎麼辦？」

我：「妳可以把這想像成一場比賽。霸凌者會用各種方式來要妳相信『我是個很差勁的人』，如果妳相信這句話，他就贏了；如果妳不相信這句話，妳就贏了。」

哥哥：「可是如果有人一直罵我，我會覺得很不舒服，也很難不生氣。」

我：「這時候你可以想像，身邊有兩個聲音。一個是這壞同學的，一個是爸爸的。你可以決定，要把哪一邊的聲音調大聲或是調小聲。」

為了讓孩子印象深刻，我把兩隻手放在哥哥的耳邊，分別代表兩個聲音。我擺動左手手指，用低沉的聲音說：「你這個笨蛋、廢物。你真的很沒用，沒有人喜歡你！」兩個孩子被我的即興模仿逗得哈哈大笑，而我繼續說：「聽到同學對你說這些話，這時該怎麼辦？」

哥哥伸手抓住我假裝說話的左手，把它往下壓，說：「我會把它關小聲一點。」我也逐漸壓低音量，代表聲音被調小聲了，直到聽不見為止，接著說：「你們也可以把爸爸的聲音放進心裡面，有需要的時候，想像我在旁邊陪著你們。」然後把右手放在妹妹的耳邊，用清脆有朝氣的聲音說：「妹妹，爸爸愛妳，妳永遠是爸爸最重要的寶貝！」

妹妹被我逗得笑彎了腰，把我的右手舉高，代表調高聲音。我也配合地逐漸升高音量：「我真的好愛妹妹啊——」

兩個孩子都很喜歡這遊戲，我們輪流玩了好多次，確認他們真的從中有所體會。

我：「你們從這個遊戲中學到什麼呢？」

哥哥：「如果有人想要欺負我，我不能相信他的話。我可以把他的話調小聲一點，把爸爸的話調大聲一點。」

我：「沒錯，而且要記得，無論你們遇到什麼事，都可以找爸爸商量。我保證無論你們犯了什麼錯，我都一樣愛你們，也會陪你們一起解決問題。妹妹，妳學會什麼？」

妹妹：「如果有需要的話，可以把爸比這個大叔放進心裡，想像有個大叔在跟我說話。」

妹妹說得很正確，但是說爸爸是大叔，這樣對嗎？

結語

兩個孩子眼中的爸爸

哥哥：「爸爸是一個麻煩的人，對很多事都太好奇了！」

關於我們兩年多前的約定，我還有印象，我當時才六歲多。爸爸為了鼓勵我：「不要還沒有試過之前就覺得自己不行。」所以對寫故事很沒有信心的他，答應我會寫一百篇文章送給我，最後就真的寫完了，我覺得爸爸很守信用。我也從爸爸身上學到——「答應別人的事情要盡量去完成！」、「多去嘗試看看自己不會的事。」

對於爸爸要出書，我的心情有點複雜，多數是興奮，因為自己的事情會被寫成書；但是我也擔心賣不出去，害出版社虧錢，會造成別人的困擾。我有點緊張，到底誰會買這樣的書呢？不過，至少

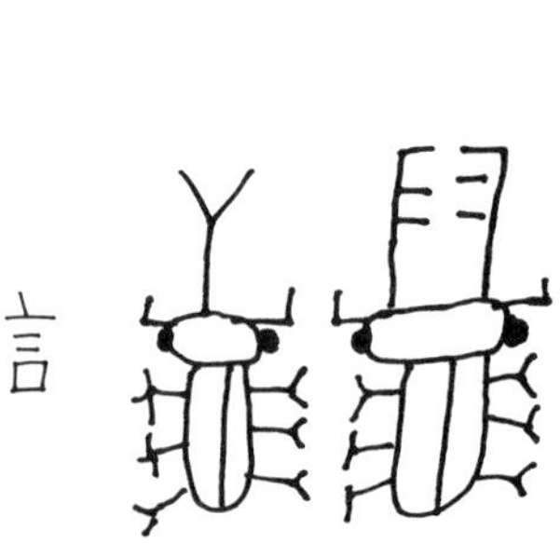

可以賣出一本，那就是我買的！我答應會買下第一本。

妹妹：「爸爸是個溫柔的大叔！」

剛開始我是贊成爸爸寫書的，但是我覺得他會決定了又放棄，寫了又暫停，寫沒多久又停下來，最後只寫出一頁。可是爸爸一直努力，一直努力，就寫完了！我很開心爸爸可以做到這件事，我很期待我的名字出現在書裡面。爸爸常對我們說：「遇到不會的事，要盡量去試試看！」因為我有的時候，也覺得自己沒有很擅長做一些事，我不會演講、也不會寫書，但看到爸爸做到了，我有相信自己多一點，我也會多試試看，在畫畫這個部分多努力，我以前覺得自己都亂畫，現在自己的畫就進步多了。

國家圖書館出版品預行編目資料

致，被雙寶搞瘋的媽媽 / 黃柏嘉作 . -- 初版 . -- 臺北市：三采文化，2020.10
面； 公分 . -- (親子共學堂)
ISBN 978-957-658-408-4(平裝)

1. 親職教育 2. 親子關係

528.2 109011768

suncolor 三采文化集團

親子共學堂 38

致，被雙寶搞瘋的媽媽：

奶爸心理師給父母的生存指南【阿德勒正向教養 10 年實做版】

作者｜ 黃柏嘉
副總編輯｜ 王曉雯 主編｜ 黃迺淳 文字編輯｜ 曾詠蓁
美術主編｜ 藍秀婷 封面設計｜ 池婉珊 攝影｜ 林子茗
內頁排版｜ Claire Wei 插畫｜ 阿宛 Awan
校對｜黃薇霓

發行人｜ 張輝明 總編輯｜ 曾雅青 發行所｜ 三采文化股份有限公司
地址｜ 台北市內湖區瑞光路 513 巷 33 號 8 樓
傳訊｜ TEL:8797-1234 FAX:8797-1688 網址｜ www.suncolor.com.tw
郵政劃撥｜ 帳號：14319060 戶名：三采文化股份有限公司
初版發行｜ 2020 年 10 月 8 日 定價｜ NT$380
2 刷｜ 2020 年 11 月 30 日